UMA OVELHA NEGRA NO PODER

Andrés Danza e Ernesto Tulbovitz

UMA OVELHA NEGRA NO PODER

CONFISSÕES E INTIMIDADES DE

PEPE MUJICA

Tradução

Luís Carlos Cabral

3ª edição

DIFEL

Rio de Janeiro | 2025

CIP-BRASIL. CATALOGAÇÃO NA PUBLICAÇÃO
SINDICATO NACIONAL DOS EDITORES DE LIVROS, RJ

D22o Danza, Andrés
Uma ovelha negra no poder : confissões e intimidades de Pepe Mujica / Andrés Danza, Ernesto Tulbovitz ; tradução Luís Carlos Cabral. - 3. ed. - Rio de Janeiro : Difel, 2025.

Tradução de: Una oveja negra al poder : confesiones e intimidades de Pepe Mujica
ISBN 978-85-7432-165-3

1. Mujica Cordano, José Alberto, 1934-. 2. Presidentes - Uruguai - Biografia. 3. Políticos - Uruguai - Biografia. I. Tulbovitz, Ernesto. II. Cabral, Luís Carlos. III. Título.

24-91392 CDD: 923.109895
CDU: 929:32(899)

Gabriela Faray Ferreira Lopes - Bibliotecária - CRB-7/6643

Título original em espanhol:
Una oveja negra al poder: Confesiones e intimidades de Pepe Mujica

Fotografias de capa e contracapa: Leo Barizzoni

Texto revisado segundo o Acordo Ortográfico da Língua Portuguesa de 1990.

Direitos exclusivos de publicação em língua portuguesa somente para o Brasil adquiridos pela Difel, um selo da Editora Bertrand Brasil Ltda.
Rua Argentina, 171 – Rio de Janeiro, RJ – 20921-380 – Tel.: (21) 2585-2000, que se reserva a propriedade literária desta tradução.

Impresso no Brasil

ISBN 978-85-7432-165-3

Seja um leitor preferencial Record.
Cadastre-se no site www.record.com.br
e receba informações sobre nossos
lançamentos e nossas promoções.

Atendimento e venda direta ao leitor:
sac@record.com.br

Sumário

Aos meus pais, irmãos e amigos, por terem me ajudado a construir o caminho, e a Lucía e Matilda, por preenchê-lo de amor e de vida, entre o fundo do mar e o infinito.

A. D.

Aos sóis da minha vida, Federico e Emiliano, aos meus irmãos queridos, Sergio e Marcelo, e aos meus velhos imortais, Elías e Rosita.

E. T.

Agradecemos a nossos companheiros do semanário *Búsqueda* os conselhos e o apoio (especialmente a Eduardo Alvariza, por sua importante contribuição para a realização deste livro), às dezenas de pessoas que foram entrevistadas e forneceram informações, e a José Mujica, por todos estes anos compartilhados.

1. A origem

Tóquio. Um arquiteto recebe uma mensagem via Twitter em seu celular. O texto, que se refere ao "discurso mais importante da reunião de cúpula do Rio", remete a um vídeo de pouco mais de dez minutos. Depois do clique, um velho de bigodes pequenos gesticula com força no meio da tela, falando contra o consumismo; as legendas são em japonês. Suas palavras e seu aspecto comovem o profissional nipônico, tanto que resolve escrever em seu computador: ホセ·ムヒカ. Assim fica sabendo da existência de um país do outro lado do mundo que se chama Uruguai, de um grupo guerrilheiro conhecido como Movimento de Libertação Nacional — Tupamaros, que agiu e teve seu apogeu na década de 1960 e no início dos anos 1970, e até de uma chácara em um lugar chamado Rincón del Cerro que tem uma cadela de três patas, Manuela, como anfitriã.

ホセ·ムヒカ significa José Mujica. É ele quem discursa diante de presidentes reunidos no Rio de Janeiro, no outro lado do mundo. O arquiteto japonês sente que teve acesso a uma peça estranha, digna de ser exibida aos seus contatos, e a reenvia. A um e a outra e a outro e a outro. Assim, o discurso do presidente do país desconhecido e distante se multiplica por várias cidades do Japão.

Moscou. As calçadas das travessas da praça Vermelha estão cobertas de tapetes com objetos de recordação destinados a turistas. Há gorros, emblemas, pequenos pedaços do que foi a União Soviética e sobretudo *babushkas*, as figuras barrigudas que se abrem no meio e de uma maior sai uma menor e assim sucessivamente.

Os vendedores gritam suas ofertas, exibem suas mercadorias. As *babushkas*, seus objetos mais valiosos, são exibidas como se fossem troféus; há bonequinhas de líderes do mundo, de personalidades do esporte, de referências históricas. Entre elas, uma representa Mujica. O desenho é bastante fiel à realidade, embora tenha um único problema: está usando gravata.

Tramútola. O pequeno povoado das montanhas do sul da Itália, no centro de Basilicata, parece muito tranquilo. É uma tarde outonal de sexta-feira e em uma das mesas do bar da praça central, na calçada de pedra, três amigas conversam quase gritando e movimentando os braços com eloquência. O tema da conversa é Pepe Mujica.

Uma delas tem parentes no Uruguai. Além do futebol e do nome de algum jogador, não sabiam de nada do que acontecia naquelas terras ao sul do sul. Agora todos falam de Pepe, o *presidente mais pobre do mundo*. A televisão, os jornais, os intelectuais, os feirantes. Todos querem saber mais. As amigas estão emocionadas como se tivessem descoberto algo novo que as une, seja pelos laços sanguíneos com aquele país que agora aparece nos noticiários ou por contágio.

Tóquio, Moscou e Tramútola. Três casos ocorridos entre 2012 e 2014 e que servem para se ter uma ideia da repercussão internacional de Mujica depois de ter chegado à Presidência do Uruguai. Uma ironia da história. Uma grande ironia da história e uma das fotografias mais realistas dos tempos atuais. Este livro trata de ironias, histórias, fotografias e dos tempos atuais.

Seu protagonista é Pepe Mujica. O outro. E ele mesmo. Aquele que fomos conhecendo ao longo de mais de quinze anos, primeiro com certa distância e depois muito de perto. O de noites e noites de longas conversas, no meio de garrafas de vinho, ou o que nos recebia nos corredores do Parlamento ou no gabinete presidencial ou em uma aldeia distante do Uruguai ou em mansões destinadas a ilustres visitantes estrangeiros em cidades como Hamburgo e Havana.

Assim foi se fazendo este livro. Com a ideia de mostrar o que há por trás deste fenômeno internacional, que sofre resistências no Uruguai, mas já tem um lugar assegurado na História. Com o objetivo de tentar dar sentido à ironia do fato de que alguém que sempre criticou o poder e disse que não poderia ser presidente ter adquirido, a partir desta posição, fama mundial e se transformando em uma espécie de *ovelha negra* da política internacional.

A ideia, que depois virou livro, surgiu em 22 de setembro de 2005. Naquela tarde, passamos várias horas com Mujica em sua chácara de Rincón del Cerro. Contam-se a centenas as horas que compartilhamos com ele durante os últimos anos, quando foi deputado, senador, ministro e presidente. Sempre igual. A confiança foi conquistada pelos anos de trabalho. Ele como político, nós como jornalistas.

A conversa desse 22 de setembro teve algumas particularidades. Chegamos à sua casa no meio da tarde e ele estava sozinho, tomando mate. Nossa intenção era entrevistá-lo para o semanário *Búsqueda* e pedir que avaliasse o primeiro ano de um governo de esquerda no Uruguai. Começamos com as perguntas de praxe, mas Mujica queria aprofundar a conversa e acabamos falando da eleição nacional que aconteceria em 2009. Parecia entusiasmado, e então fizemos a pergunta óbvia:

— Vai se candidatar?

— Estou muito velho. Terei 75 anos, se estiver vivo. Não é coisa para um garoto, mas é boa para um setentão. Eu tenho dificuldade de ser um bom administrador. Agora, para angariar votos, não tenho nenhum tipo de problemas, e isso já foi demonstrado. O problema substantivo é o problema da idade.

— Então não se vê como presidente aos 75 anos?

— Essa verga não é para mim. Mas me parece que daqui até lá o caminho daqueles que podem se candidatar não estará desimpedido. Pode surgir algum outro cachorro, mas eu não.

Poderia ser para ele? — nos perguntamos voltando ao centro de Montevidéu e achamos aquilo estranho só de pensar. Não era uma possibilidade que estivesse avaliando. Quase ninguém no Uruguai o via como possível candidato e, muito menos, como presidente.

Os meses foram se passando, e sua popularidade, crescendo. Como ministro da Pecuária, liderou um dos principais setores do governo e foi se consolidando como um possível postulante. Ele negava, mas já sem tanta firmeza.

Via-se que sua candidatura amadurecia, mas essa não era a opinião da maioria dos cientistas políticos. Sua informalidade, sua linguagem simples e sua insistência em se colocar alheio à disputa eram vistas pelos especialistas como um gigantesco *não* a suas possibilidades de se eleger presidente.

"Não sou maçom nem profissional universitário", dizia quando lhe perguntavam se poderia chegar a ser chefe de Estado do Uruguai. "Sou sapo de outro poço", comentava conosco discretamente. Mas as pesquisas o contradiziam.

E se for para ele?, duvidávamos naquela época. O presidente era Tabaré Vázquez, que lhe confidenciara, em meados de 2008, que gostaria que se candidatasse a vice-presidente de Danilo Astori, que então era ministro da Economia e já postulara uma vez a Presidência. Mujica ficou emocionado com a proposta. "Tenho uma grande notícia para vocês", nos adiantou naquele momento. Sorria como uma criança.

A primeira pessoa a quem contou sobre o convite foi sua esposa, Lucía Topolansky. Haviam se casado fazia apenas dois anos, depois de terem convivido durante toda a vida. Sua relação começou no início dos anos 1970, na clandestinidade da guerrilha, abrigados pela bandeira tupamara, e desde então só os anos de prisão conseguiram separá-los.

"Para ajeitar os papéis", argumentou ele depois de dizer "sim" ao juiz de paz e receber de sua mão o livrinho do casamento. Claro, o conceito "papéis" é muito amplo, e, para ser presidente do Uruguai, é necessário estar casado. A cerimônia foi realizada em 7 de outubro de 2005. Anos depois, ele nos disse que não se casou pensando em sua candidatura. Nunca perguntamos a ela.

Quando recebeu a notícia de que Vázquez queria que a chapa fosse encabeçada por Astori e secundada por Mujica, Lucía também se alegrou, mas não pareceu totalmente convencida. "É preciso conversar com os companheiros", disse-lhe.

> Lucía é uma militante da velha guarda. Dessas que não vão existir mais. Tudo aquilo era outra coisa. Você não sabe se a militância se transforma em uma obsessão, em uma forma de ser, em uma paixão ou em tudo isso junto. Eu também militei durante toda minha vida. Nem me lembro de quando comecei. E a turma formada pelo Movimento de Libertação Nacional tinha muito disso. Depois foi criada uma mística, mas era pura militância. Eles me convenceram a me candidatar.

E por que não se candidataria? Tinha os votos, a estrutura, o ego e, sobretudo, a vontade. O auge da carreira de qualquer político não está no outro lado da esquina, mas para ele estava perto, muito perto. Sair correndo para o outro lado não era uma opção. Já tinha incorporado a "pele de crocodilo ou a carapaça de tartaruga", essa que para Mujica é extremamente necessária quando se trata de ter um papel de destaque na política.

Aceitou o desafio. E anunciou sua decisão aos poucos, para não gerar alarme. Foi dando a entender, usando uma de suas principais armas: a palavra. Um dia dizia que sim, no outro, que mais ou menos, e depois, que não, embora sempre sugerindo que sim. A única coisa que repetia era que sua chegada à Presidência seria um "terremoto".

E assim venceu, em 2009, Astori nas eleições internas de seu partido e vestiu um terno, embora sem gravata, para visitar o então presidente brasileiro Luiz Inácio Lula da Silva. Elaborou toda sua campanha apostando no fato de ser diferente. Transformou esse ponto fraco em algo favorável. Andou na contramão em uma época em que a política estava desvalorizada. E continuou somando votos.

Colocou seu passado na frente para que não atrapalhasse. "Não tenho culpa das minhas peripécias. Minhas peripécias são consequência de terem me prendido, e tenho uma história diferente da dos outros presidentes", dizia. O fenômeno despertava cada vez mais curiosidade.

E também contou com apoios importantes no exterior. Além de Lula, que a partir daquele momento se tornou seu padrinho, colaboraram com ele, à sua maneira, a presidente argentina Cristina Fernández de Kirchner e o venezuelano Hugo Chávez. Este livro também trata disso, porque também venceu graças a eles. E começou a governar. E ficou famoso no mundo. E promoveu reformas sociais. E foi criticado por sua falta de capacidade executiva e por não ser prolixo. E gerou amores. E ódios. E viveu tudo com muita paixão. E conversou com a gente a respeito disso, às vezes com vontade, às vezes com raiva, às vezes desabafando, às vezes entre lágrimas.

Este livro trata de tudo isso.

Era para ele?, continua sendo a pergunta, uma vez concluído seu mandato. O mundo externo parece dizer que sim aos gritos, mas dentro das fronteiras de seu país há gritos contra e a favor.

Passou a ser Pepe Mujica em toda a América Latina, na Europa, nos Estados Unidos e em alguns países de outros continentes. A liberação do casamento homossexual, a descriminalização do aborto e a regulamentação da produção e comercialização da maconha por parte do Estado colocaram Mujica e o Uruguai, durante alguns anos, no mapa.

O *presidente mais pobre do mundo* foi o apelido que lhe deram, e assim caminhou em direção aos holofotes, como uma *ovelha negra* orgulhosa de sê-lo e com vontade de se mostrar. *Uma estrela na obscuridade* da política mundial, é a definição que prefere.

Um Quixote com disfarce de Sancho é a que escolheu seu amigo, o antropólogo Daniel Vidart,[1] em entrevista à jornalista Silvana Tanzi, da editoria cultural do semanário *Búsqueda*. "Você é um craque, Vidart", lhe disse Mujica. "É uma coisa bárbara. Essa é uma das melhores definições que fizeram de mim."

Muito ruído para que não houvesse resistência. E houve. Com ou sem razão. Com insistência e sobretudo com paixão. Mujica não passa despercebido, muito menos na condição de presidente. E disso também trata este livro.

"Sou um poeta frustrado. Sempre gostei de trabalhar com as palavras", nos disse em uma das muitas noites de conversa. A matéria-prima surgiu de suas palavras e de um trabalho jornalístico de muitos anos que incluiu centenas de entrevistas, muitas viagens ao exterior e ao interior do país e milhares de horas na condição de observadores privilegiados.

A palavra, a confiança, o pensamento do protagonista na intimidade, a pessoa atrás do personagem.

Vamos aos nossos objetivos.

Apresentar um homem que diz que não é "pobre", que é "austero" para ter sua "liberdade" e que para isso é necessário "andar com pouca bagagem". E explica isso dizendo que cozinha, lava a louça, faz compras, doa a maior parte de seus proventos e vive em uma casa de três aposentos. O "estranho" de sua vida talvez seja a autenticidade.

> Sou procurado por jornalistas de todos os lugares porque a questão é que tenho charme. Não tenho culpa, falo do que sou e vivo como quero. O incrível é que agora isso seja o diferente. Muita gente não consegue acreditar que deem a este velho de

---

[1] Um dos principais acadêmicos uruguaios, nascido em 1920. Publicou mais de vinte livros sobre história e antropologia.

> merda a atenção que lhe dão em várias partes do mundo. Mas eu não faço nada para isso, salvo viver como quero, esteja onde estiver. Nem pobre nem nada. Pobres são os que vivem atrás da grana, que vivem presos.

Expor alguém que explica sua fama internacional pela "crise brutal" que o sistema político atravessa em nível mundial, no qual sente que "brilha, mas em um céu quase sem estrelas", embaçado pela mediocridade dos presidentes que estão mais preocupados com as "joias" e os "votos" do que em "pensar um pouquinho".

> Os líderes políticos estrangeiros não dizem nada. Seus discursos são vazios de conteúdo. Por isso me dão tanta bola. Eu digo coisas, podem concordar ou não. Mas digo coisas. É brutal, mas essa é a principal diferença.

Tentar entender alguém que passou grande parte de sua vida estudando História e chegou à conclusão de que no Uruguai é necessário experimentar em alguns aspectos porque "os avanços culturais mais importantes da humanidade aconteceram em pequenas comunidades", como a dele, e cita exemplos: a Grécia, as cidades da Renascença e alguns lugares da Ásia.

> A política contemporânea está totalmente divorciada da filosofia. No Uruguai e no mundo inteiro. Eu não posso discutir estas coisas aqui. Alguns políticos não me entendem nem por um caralho. Leio sobre os políticos dos anos 1940 e encontro sujeitos muito mais modernos do que os de agora. Há sujeitos que te deixam pensando, mas hoje eu não os encontro. As grandes mudanças surgem nos pequenos povoados, e para isso é preciso experimentar. Se não experimentarmos, não faremos nada.

Tentar decifrar os motivos pelos quais alguém utiliza uma experiência de confronto e um afastamento traumático da sociedade como argumento político de conciliação e se torna crível.

> Sempre encarei tudo o que me coube viver. É preciso introduzir, também na História, o fenômeno das casualidades. Estou vivo por casualidades. Há coisas que são imponderáveis, casualidades. É mentira que a casualidade não existe. Existem as duas coisas: as causalidades e as casualidades. Se não tivesse ficado em cana todos aqueles anos, eu não seria assim. Seria meio bunda-mole. Antes eu não era assim. É o que tentei transmitir aos jovens. O tema de se erguer depois da derrota. Na vida, você é derrotado na maioria das vezes. A questão é voltar a se levantar e seguir em frente.

Tentar entender o que passa pela mente de uma pessoa que se torna presidente de um país se sentindo "um terremoto" e definindo-se como "anarquista". Alguém que associa a palavra *poder* a algo que corrompe e considera a Constituição que o delimita um simples acessório construído por maiorias circunstanciais, mas diz que a *paixão* é seu principal alimento e se desespera para obter conquistas.

> Aqueles que se acham derrotados antes de começar a lutar me deixam doente. Você não luta por uma vitória, mas tem de acreditar que vai triunfar, e vai avançando e dando conteúdo à vida. Da mesma forma, você não pode triunfar, porque como vai triunfar diante de um fenômeno tão complexo como a vida? Deve viver com paixão e mais além das necessidades materiais. Viver com vontade e se comprometer, o que não quer dizer que deve aceitar tudo. Posso lhes garantir que me divirto loucamente.

Perto do final de seu mandato, falou com mais paixão do que nunca da "profunda sensualidade de viver".

"Isso é o importante", nos disse, aos 78 anos de idade, em uma das muitas madrugadas que compartilhamos. "Sim. Eu vivi", repetiu duas vezes prolongando apenas o *i*, com os olhos cheios de lágrimas.

E é verdade que se divertiu. Nos últimos cinco anos, especialmente. Então: era ou não era para ele? Tomara que haja tantas conclusões quanto pessoas lendo este livro.

2. O candidato

No Uruguai, o mês de fevereiro costuma ser chuvoso e o de 2005 não foi exceção. Tabaré Vázquez se preparava para tomar posse. Era o primeiro presidente uruguaio eleito pela esquerdista Frente Ampla[1] e as principais figuras do partido estavam um pouco alvoroçadas. Salvo uma: José Mujica.

No final de 2004, depois de uma longa campanha eleitoral, Mujica teve problemas de saúde e ficou afastado da cena durante meses. Vázquez anunciara que o nomearia ministro da Pecuária, Agricultura e Pesca, mas naquele verão Mujica quase não conseguiu sair de casa, depois de ter começado o ano internado em um hospital. Entrevistas, reuniões, declarações, anúncios, manchetes, tudo acontecia um dia após o outro, tendo os integrantes do governo eleito como protagonistas. E Mujica era só silêncio.

Às oito da manhã do dia 10 de fevereiro, uma terça-feira, paramos diante do portão de sua chácara de Rincón del Cerro. Na noite anterior, havíamos sido autorizados por sua esposa para conversar com ele durante alguns minutos, embora tudo dependesse de como estivesse se sentindo.

---

[1] A Frente Ampla, uma coalizão dos partidos históricos da esquerda uruguaia, como o Partido Socialista, o Partido Comunista e o Partido Democrata Cristão, foi fundada em 5 de fevereiro de 1971.

O sol brilhava, e a água da chuva noturna que molhara o pasto e os arbustos começara a evaporar. O cheiro do campo molhado difundia-se no ar, convidando a um tom sereno e pausado. Os vinte minutos que separam o centro de Montevidéu da chácara de Mujica costumam servir para nos aproximar de algo parecido ao sossego.

Quando nos atendeu, estava de mau humor. Não o víamos desde novembro do ano anterior e a verdade é que estava muito pior. Mais magro, com cabelos brancos, pálido. Caminhava lentamente, como se estivesse perturbado. Seus resmungos se misturavam com os latidos dos cães. "Tenho que descansar", repetiu várias vezes. "Vejam, estou seriamente fodido", nos disse, com expressão austera. Mas em poucos segundos estava abrindo o portão.

Na condição de senador eleito pela chapa mais votada,[2] alguns dias depois seria encarregado de tomar o juramento dos novos parlamentares e, em 1º de março, o de Tabaré Vázquez, o futuro presidente. Além disso, seria o terceiro na linha sucessória; quando o presidente e o vice-presidente estivessem viajando ou licenciados, ele assumiria o cargo. "Não posso pedir mais nada à vida", nos disse. "Fiquei preso nos calabouços quando era guerrilheiro e agora vou ser suplente de presidente."

Podia pedir mais e é provável que soubesse disso. Mas havia levado muito a sério a doença que o afligia. Tanto que pensou que não iria conseguir dar nenhum outro passo político e que conduzir a cerimônia mediante a qual a Frente Ampla assumiria o governo pela primeira vez na História seria o ponto mais glorioso de sua carreira. E se preparava para a ocasião em casa, lendo sem parar os artigos da Constituição da República que teria de mencionar na solenidade. Na realidade, não se preparava exatamente em sua casa. Estava vivendo ali perto, em um galpão, porque, aproveitando as semanas em que esteve internado, vizinhos mais próximos decidiram reformá-la e as

---

[2] A chapa mais votada nas eleições uruguaias de 2004 foi a 609, conhecida como Movimento de Participação Popular (MPP) e liderada por Mujica. Obteve 327.947 votos, cerca de 15% do total dos eleitores.

obras ainda não haviam terminado. Apesar de seus protestos, reformaram a cozinha e o banheiro, pois estavam em uma situação bastante precária; fizeram isso a pedido dos médicos, que o ameaçaram de mandá-lo viver em um apartamento de Pocitos[3] se não admitisse a reforma. "Nem bêbado me mudarei daqui", foi a resposta de Mujica. E ajeitou um velho depósito para viver durante algumas semanas com a esposa até que as obras terminassem.

Naquela manhã estava nervoso e um pouco apagado. Notava-se que não tinha forças. Serviu-se um uísque sem gelo e só bebeu alguns goles. Despediu-se meia hora depois e repetiu que não podia pedir mais nada à vida. "Isto é mais do que suficiente", concluiu, quando já estávamos a uns passos de distância.

A doença que foi detectada no final de 2004 e que o deixava tão pessimista era uma vasculite, concentrada especialmente em seus rins. Foi assim que ouviu os juramentos de Vázquez como presidente, de Rodolfo Nin Novoa como vice-presidente e de todos os senadores. E prestou juramento como ministro. Em setembro daquele ano nos disse que "a verga de ser presidente" não era para ele. A doença ainda apresentava sintomas, embora mais leves. Parecia disposto e já dedicava muito mais horas a suas tarefas políticas. Naquele momento, a pergunta que lhe fizemos sobre sua eventual candidatura era pertinente.

No final de 2007, mais exatamente em 29 de dezembro, não restava mais nada da vasculite. "Estou curado", nos disse, sentado na única poltrona que havia então no pequeno *living* de sua casa. "Agora sim tenho fôlego para mais", sussurrou com um sorriso. Este foi o momento em que a esperança voltou ao seu corpo. Remota, como antes de adoecer, mas, de qualquer maneira, esperança. Renasciam as possibilidades de chegar ao final.

A ideia de ser presidente rondava como algo fantasioso em seu passado. Nunca levou muito a sério o que lhe diziam, mas algumas pessoas suspeitavam que estava destinado a transcender com a faixa presidencial no peito. A primeira delas, Lucy Cordano, sua mãe.

---

[3] Bairro densamente povoado da cidade de Montevidéu, de classe média alta e média, localizado na costa do Rio da Prata.

Lucy sempre é mencionada em nossas conversas mais íntimas com Mujica. A paixão pela política e pelos livros, o desfrute dos detalhes simples da vida, o amor pela terra e por trabalhá-la, tudo isso ele deve à mãe. Também o bairro onde vive hoje.

O pai de Mujica faleceu quando ele tinha sete anos. Sua mãe foi quem o criou, ao lado de sua irmã menor, em uma casa de Paso de la Arena,[4] próxima da chácara em que vive atualmente. Tinha tanto carinho pelo velho casarão da infância que o manteve, até que, em 1994, o governo de Luis Alberto Lacalle fechou uma rádio que pertencia aos tupamaros, e Mujica se viu obrigado a vendê-lo para pagar as dívidas do movimento com empregados.

De seus primeiros anos de vida, recorda com emoção os animais, o trabalho com os granjeiros da região, as escapadas para ver as namoradas e também um forno de barro no qual se queimavam desde roupa velha até móveis quebrados, galhos caídos e lixo combustível. Toda manhã saía dali um pão caseiro e depois a carne e as verduras e as pizzas que até os dias de hoje tenta reproduzir. O segredo é o molho de tomate; a receita original é de Lucy. "Às vezes a minha fica até parecida", diz.

Depois, quando foi preso, primeiro como suposto delinquente comum e depois como integrante da guerrilha tupamara, a mãe foi quem sempre se ocupou de averiguar como e onde estava e, quando possível, de estar presente, mesmo que fosse durante as visitas que pôde lhe fazer na prisão. Mujica foi preso quatro vezes. Na primeira, em julho de 1964, cumpriu sentença de mais de oito meses por furto. Nunca disse qual fora o motivo.

> Fui em cana pela primeira vez por ter roubado o depósito de uma fábrica de Montevidéu. Eu era tupamaro, e a grana era para a organização, mas nunca contei isso. Na cana me massacraram, me deram uma surra brutal. Os policiais sempre torturaram os presos. Você entrava como delinquente comum

---

[4] Bairro de classe média e média baixa, localizado em uma zona semirrural de Montevidéu e habitado principalmente por granjeiros e floricultores.

> e te massacravam. Era melhor cair como preso político do que como delinquente comum.

Na segunda e na terceira vez, em 1970 e em 1972, foi preso como tupamaro, e nas duas ocasiões conseguiu fugir menos de um ano depois. Em março de 1970, o prenderam em um bar de Montevidéu, na esquina da rua Monte Caseros com a Luis Alberto de Herrera, e, como ameaçou resistir, levou seis tiros. Esteve muito perto da morte. Fugiu alguns meses depois e voltou a ser preso. E escapou e voltou a ser preso.

Naqueles anos, passaram pelo presídio de Punta Carretas de Montevidéu centenas de integrantes da guerrilha. A maior fuga aconteceu em 6 de setembro de 1971, quando 106 tupamaros fugiram em uma operação que foi chamada de O Abuso, usando um túnel escavado por eles em cima de outro velho túnel construído por anarquistas no começo do século XX. Naquela época, alguns carcereiros repararam em Mujica e seus companheiros e perceberam algo do que estava sendo gestado para dali a quatro décadas.

> Não me esqueço de um milico de Punta Carretas que de vez em quando trocava algumas palavras comigo. Uma vez, quando vários de nós estávamos juntos, olhou para mim e para outros dois ou três e nos perguntou, muito sério: "Quantos futuros ministros virão para cá?". Brutal, o sujeito. Essa frase ficou me mordendo.

Voltou a vestir roupa de presidiário em agosto de 1972, mas dessa vez só sairia em março de 1985. Nessa ocasião, foi catalogado como um dos chefes guerrilheiros ao lado de oito companheiros e passou quase treze anos rodando por quartéis de todo o interior do Uruguai. Os "nove reféns da ditadura"[5] foi o nome

[5] Além de Mujica, os demais reféns da ditadura foram Raúl Sendic, Eleuterio Fernández Huidobro, Julio Marenales, Mauricio Rosencof, Henry Engler, Adolfo Wasem, Jorge Manera e Jorge Zabalza.

pelo qual ficaram conhecidos. Os dirigentes tupamaros foram capturados antes do golpe de Estado perpetrado pelos militares em 1973, mas, ao assumir o poder, eles usaram os "nove reféns" para evitar qualquer nova ação de guerrilha do grupo, com a ameaça de que poderiam ser assassinados em represália.

Nos primeiros anos ficaram quase incomunicáveis, em grupos de três, e muitas vezes em lugares sem ventilação nem latrina, nem pia, nem colchão, nem nada. Em cisternas ou caixas de cimento. Mujica enlouqueceu. Começou a conversar com formigas, a ter delírios, e acabou no Hospital Militar.

> Fiquei pirado, pirado. No começo dos anos 1980, me levaram para o Hospital Militar. Tinha uma paranoia filha da puta, não parava de ter visões e coisas assim. Uma psiquiatra veio me atender. Me deu um punhado de pílulas e nunca tomei nenhuma. Mas a mulher recomendou que me deixassem ler e escrever. O fato de ler me ajudou pra caramba, e minha mãe colaborou muito. Só lhe permitiam trazer livros de ciência. Primeiro de biologia, agronomia e veterinária e depois de antropologia. Me enfiei na ciência e dá-lhe, dá-lhe, dá-lhe. Passava o dia inteiro nisso e não parava, e então minha cabeça se abriu. Isso aconteceu no quartel de Paso de los Toros.

Em uma das muitas visitas que lhe fez levando livros, Lucy previu que a carreira política de seu filho acabara de começar. "Vai chegar a presidente", pensava sua mãe nesses momentos. Nunca verbalizou de forma direta, mas lhe sugeriu em várias ocasiões e comentou com outros.

O jornalista Walter Pernas menciona, no livro *Comandante Facundo: O revolucionário Pepe Mujica*, um episódio em que Lucy diz a um vizinho: "Pepe vai chegar a presidente graças a seu bico-doce." Mujica leu o livro em julho de 2013, antes de ser colocado à venda, e em uma tarde desse inverno, em sua casa, com um copo de rum cubano presenteado por Fidel Castro na mão, nos disse, emocionado:

— Não dá pra acreditar. Eu estava em cana, e minha velha andava dizendo por aí que eu ia ser presidente. Este livro que ganhei conta isso. Quando o li, não consegui acreditar.

— Disse isso a você?

— Nunca. Contou a um vizinho. Mas há coisas que não é preciso dizer.

— Alguma coisa lhe restou, então?

— Vejam onde estou. O que vocês acham? Minha velha era incrível. Quando ia me visitar, dizia: "Filho: o socialismo não é possível porque o homem é mau."

No final de março de 1985, Mujica saiu do cárcere e poucos dias depois já estava militando ativamente na política. Foi reconstruindo o Movimento de Libertação Nacional aos poucos, como mais um militante, sob a liderança de Raúl Sendic,[6] o Bebe, uma das pessoas que mais admira. Sendic morreu em abril de 1989 depois de padecer, entre outras doenças, da chamada doença de Charcot-Marie-Tooth. Mujica adquiriu então um papel bem mais relevante. Sua figura foi se popularizando cada vez mais entre os jovens que aderiam à organização, e suas reflexões começaram a cativar.

Já nos seus primeiros dias de liberdade, Mujica expôs a base do pensamento que o levaria à Presidência anos depois. Pronunciou seu primeiro discurso naquele ano de 1985 no Platense Patín Club de Montevidéu, diante de uma plateia de jovens militantes inflamados. Depois de passar mais de uma década obrigado a ficar em silêncio, não falou de vingança nem de tomar o poder através das armas. Referiu-se à importância do perdão e da superação do passado, à necessidade de se ter abertura a várias ideologias, ao novo papel que a esquerda deveria desempenhar. Pronunciou frases que serviram de amostra de tudo o que viria depois:

"Não viemos chorar nossas dores nem nossas penas. Queremos, simplesmente, deixar bem claro que os velhos que vão ficando pelo caminho

---

[6] Raúl Sendic foi fundador e líder do Movimento de Libertação Nacional — Tupamaros. Faleceu em abril de 1989, em Paris.

têm nitidamente claro que não passam de um suporte para que a colmeia se aglomere ao seu redor: o essencial não é o suporte, mas a colmeia."

"Aprendemos na orfandade dos calabouços, em todos estes anos, com quão pouco é possível ser feliz; se com isso você não conseguir, não conseguirá com nada."

"Não sigo o caminho do ódio, nem mesmo em relação àqueles que foram cruéis conosco. O ódio não constrói. Essa não é uma postura demagógica, não é querer ficar escondendo o jogo, maquiando as coisas: é uma questão de princípios."

"A palavra 'socialismo' já é bastante complicada. Bastam, simplesmente, poucas palavras: lutamos pela igualdade essencial entre os homens. As coisas que na política parecem verdadeiramente graves e não podem ser explicadas com simplicidade não são tão importantes."

"Eu posso dizer, e ninguém vai puxar minhas orelhas, que não acredito em nenhuma forma de justiça humana. Toda forma de justiça, em minha filosofia caseira, é uma transação com a necessidade de vingança."

Nas eleições de 1994, foi eleito deputado, transformando-se no primeiro tupamaro a ingressar no Parlamento. E nasceu o mito. Vieram as entrevistas, as câmeras e os microfones para captar a imagem e as opiniões da *ovelha negra*. A princípio a exposição midiática foi esporádica, mas depois cada vez mais frequente. As pessoas sorriam diante das fugas de roteiro, sentiam simpatia, espalhavam boatos.

Chegou ao Palácio Legislativo em sua pequena moto Yamaha vestindo calça e blusão de brim, e a estacionou diante dos carros dos parlamentares. Dizem que um agente de segurança lhe perguntou se ia deixar a moto ali por muito tempo e ele respondeu: "Se permitirem, vou deixá-la aqui por cinco anos." Nunca pronunciou essa frase, mas o boato se espalhou pelas ruas de Montevidéu, construindo a lenda. As pessoas ansiavam por alguma coisa diferente.

Mujica percebeu e entendeu. Aproveitou a situação e foi se revelando a cada dia mais um pouco. Os meios de comunicação não paravam de procurá-lo, pois sabiam que jamais os decepcionaria. Passou a caminhar e a ter atividades nas ruas de toda Montevidéu e a viajar com frequência ao interior do Uruguai. Sempre gostou de encontros cara a cara ou de pequenas reuniões. Esse era seu forte. Pegava um ônibus e cada semana ia a um lugar diferente. Não parava nem por um segundo. Conheceu todos os cantos do país. Desde cidades de mais de 100 mil habitantes até aldeias de não mais de 300.

> Sempre pensei muito a longo prazo. Quando cheguei ao Parlamento, me propus adotar uma estratégia, a de chegar o mais longe possível, e a levei a cabo. Tive excelentes resultados, embora nunca tenha imaginado que ia ter tantos e tão depressa. Mas sempre segui na mesma trilha. Pensavam que eu nunca chegaria, mas eu via algo embaixo, na gente. Havia algo ali e tentei interpretá-lo.
>
> A esquerda deve a mim sua presença no interior do país. Jamais havia dado bola ao interior, e tem dificuldade de dar. Eu passei anos percorrendo-o. Fiz um trabalho de formiga durante cinco anos; não parei. Percorri o país seguindo o modelo de Luis Alberto de Herrera. Herrera enfrentou todo o diretório do Partido Nacional lá pelos anos 1930. E, quando tentaram acordar, havia percorrido todo o país e os comeu por dentro. Eu fiz a mesma coisa.

Na campanha eleitoral de 1999, Mujica já era um líder político de projeção nacional. A formiga trabalhadora tinha toda uma legião às suas costas. Tanto que nesse ano seu setor político, o Movimento de Participação Popular (MPP), foi o mais votado e elegeu a maior bancada parlamentar, embora a Frente Ampla tenha perdido o governo para o Partido Colorado,[7] liderado por Jorge Batlle.

---

[7] O Partido Colorado é uma das agremiações políticas fundadoras do Uruguai, com uma história de 180 anos. É o partido que mais tempo exerceu o governo e, no espectro político, é considerado de centro e de centro-direita.

Foi eleito senador e se transformou em referência e consultor a respeito de cada um dos temas públicos importantes. Seus discursos no Senado eram acompanhados com extrema atenção, e ao seu lado também se sentou, como senador, seu companheiro tupamaro de toda a vida, Eleuterio Fernández Huidobro. Divertiam-se protagonizando grandes debates e surpreendendo sempre que podiam. Colocaram na moda o politicamente incorreto e continuavam somando votos, mas Mujica tinha saudades de suas viagens ao interior do país.

No início de 2004, quando seu mandato de senador estava terminando, levou muito a sério a possibilidade de a Frente Ampla chegar ao governo e trabalhou de forma intensa para levar Vázquez à Presidência. Voltou a percorrer cada canto do país e a fazer alianças com qualquer dirigente que se oferecesse para apoiá-lo. "É preciso abraçar algumas serpentes, se for necessário", dizia. E venceu. Seu partido, o governo e o MPP eram a maioria, mais uma vez.

> A campanha que acabou comigo foi aquela em que Tabaré venceu. Ali me matei, me destrocei. Terminei doente, no hospital. Minhas defesas desceram tanto devido ao cansaço que peguei aquela doença. Nunca vou me esquecer daquilo, mas o resultado foi uma alegria enorme.

Como ministro da Pecuária, Agricultura e Pesca, não começou com muita força. Nos primeiros meses à frente do ministério, estava doente e desde o início declarou que provavelmente fracassaria. Entrou mil vezes em conflito com uma estrutura estatal que não entendia, e que tampouco lhe dava muito espaço. Optou por nomear um homem de sua confiança para o posto de vice-ministro, o tupamaro Ernesto Agazzi, incumbido de fazer a maior parte do trabalho especializado.

Teve alguns êxitos, dos quais hoje se orgulha. Adora a atividade agropecuária e tentou deixar algum legado. Durante sua gestão, foi adotada a política da rastreabilidade bovina, e o Estado adquiriu, através do Instituto de Colonização, mais terras para distribuir a pequenos produtores. Uma de suas obsessões foi incrementar a exportação de carne uruguaia. Para isso, recorreu a um funcionário da Chancelaria que havia trabalhado em lugares tão diferentes como a Alemanha e o Irã. Seu nome: Luis Almagro. Foi tanta a sintonia entre eles que depois, como presidente, colocou-o à frente do Ministério das Relações Exteriores.

Outra coisa que Mujica também fez como ministro foi continuar liderando a força majoritária da governante Frente Ampla e adotar algumas medidas que tiveram grande impacto na opinião pública. Nisso sempre foi um especialista. A de maior repercussão foi o barateamento do corte de carne mais consumido no Uruguai: a bisteca, que ficou conhecida como *assado do Pepe*.

> Eu gosto da bisteca assada. Nada é melhor do que este corte. A carne grudada no osso com um pouco de gordura é magnífica. Assim impus o "assado do Pepe" e fui criticado, mas as pessoas ficaram muito entusiasmadas. A bisteca que nós comemos não existe em outro lugar; bem, na Argentina e no sul do Brasil, e mais em nenhum lugar.

Em meados de 2008, Mujica renunciou ao Ministério da Pecuária e deu início a uma campanha bem-sucedida, que um ano e meio depois o levaria à Presidência da República. Várias pessoas trabalharam na transformação do político bonachão e boêmio. Era necessário que Mujica incorporasse a imagem de uma pessoa capaz de tomar conta de um país.

A campanha eleitoral foi chefiada por Francisco Pancho Vernazza, um sociólogo especializado em publicidade que teve de encarar uma das tarefas mais difíceis de sua carreira: tentar manter sob controle o incontrolável. Chegou a Mujica recomendado por um colega publicitário, Claudio Invernizzi. "Foi um dos trabalhos mais interessantes e mais desafiadores de toda minha vida. Eu aceitei o convite no exato momento em que o fizeram, pois sabia que a matéria-prima não poderia ser melhor", recorda Vernazza.

Mujica sempre fez o que seu faro achava melhor e nunca ouviu analistas, cientistas políticos ou assessores. Ou quase nunca, porque ouviu bastante Vernazza. Não colocou gravata, mas mandou fazer um terno. Não deixou de falar de qualquer assunto, mas as entrevistas ficaram bem mais esporádicas. Não abandonou sua linguagem simples e direta, mas passou a usar menos o lunfardo. Jamais ocultou sua condição de tupamaro e ex-guerrilheiro, mas procurou desvincular-se da "turma".

Vernazza, que não recebeu "nem um centavo e se comportou como um senhor muito profissional e talentoso", se transformou em seu duende mau. Acompanhava-o a quase todos os lugares e lhe pedia mais silêncio ou mais prolixidade, um caminho mais social-democrata ou o que fosse. Até exigiu que andasse com um pente no bolso e o passasse pelos seus cabelos alvoroçados várias vezes ao dia. Baseou a campanha eleitoral em nunca associar Mujica à palavra "presidente". Sempre era *Mujica 2009* ou *Pepe 2009*. O slogan era "Vamos Pepe", e o jingle dizia "Pepe com a gente". Nunca "presidente".

Dessa forma, ganhou as eleições internas da Frente Ampla e depois fez um acordo com seu adversário, Danilo Astori, para que fosse seu companheiro de chapa. Isso deu à Frente Ampla a seriedade e a solidez que lhe faltavam. Mujica, o líder carismático, e Astori, o governante competente, com sua imagem de estadista. No entanto, não foi fácil fazer com que Astori se empenhasse.

Uma semana depois das prévias de 28 de junho, começaram as negociações para a definição da chapa presidencial. "Parabéns: venceu a barbárie", disse na primeira conversa Fernando Lorenzo — que representava Astori e depois seria ministro da Economia de Mujica — a Eduardo Bonomi, que era representante de Mujica e seria seu ministro do Interior. Começaram assim.

Alguns dias depois, Tabaré Vázquez visitou Astori em sua casa, no bairro residencial de Malvín. Estava havia vários dias trancado e acamado padecendo de uma pneumonia. Ainda hesitava entre aceitar ou não a candidatura à Vice-Presidência porque, algumas semanas antes, havia dito, em público, que um governo de Mujica seria um "caos". Por isso as exigências que fazia para ser o número *dois* da chapa eram imensas.

Vázquez aproximou uma poltrona da cama e começou a falar com seu tom pausado sobre o futuro político da esquerda. Convenceu-o com a ideia de um projeto de longo prazo. "Você precisa estar ao lado de Pepe para ganhar", lhe disse. Falou da eleição de 2014 e da importância de que Mujica transferisse a faixa presidencial a um dos dois. Então Astori resolveu aceitar, mas demorou alguns dias para comunicar a decisão oficialmente, tanto que Mujica começou a procurar alternativas.

Mais de uma semana depois das eleições internas, precisamente às nove horas da chuvosa manhã de 6 de julho, uma segunda-feira, uma pessoa desconhecida dos donos da casa tocou a campainha da residência de Astori. O visitante, que se apresentou como Evaristo Coedo, enviado de Mujica, trazia uma carta escrita à mão e assinada pelo então candidato presidencial da Frente Ampla, na qual comunicava a Astori que havia resolvido não aceitar as exigências que lhe apresentara para ser o segundo.

As exigências que Mujica não aceitou foram de que toda a equipe econômica (não apenas o ministro da Economia) respondesse a Astori e que este fosse consultado para a designação do chanceler e de outros ministros chave, no caso de a Frente Ampla chegar a um segundo governo.

Neste mesmo dia, Astori e Mujica se viram frente a frente na sede da Frente Ampla. O encontro durou quinze minutos. Astori aceitou integrar a chapa e depois deram uma curta e opaca entrevista coletiva na qual mal se olharam. Tudo foi formal e não houve abraços para as fotos. Mas Astori aceitou. Sem condições. Um dado nada insignificante diante do que viria.

Mujica cometeu apenas um erro importante na fase final da campanha eleitoral, mas sua imagem estava suficientemente forte e resistiu ao baque. Durante dois meses, em todas as segundas-feiras, manteve conversas com o jornalista Alfredo García, que em setembro daquele ano foram publicadas no livro *Pepe Coloquios*, nas quais criticava Vázquez, os socialistas, os argentinos, e falava com uma sinceridade por vezes ofensiva a respeito de quase todos os temas. Nunca contou a Vernazza nem ao comando de sua campanha que o livro seria publicado. O resultado foi um escândalo público a cinco semanas das eleições.

Tabaré Vázquez, que estava nos Estados Unidos, deu uma entrevista ao Canal 12 do Uruguai qualificando algumas declarações de Mujica de "estupidez". Vernazza chamou o incidente de "erro monumental" e pediu ao candidato que se retratasse. Mujica pediu perdão, justificou que eram reflexões feitas na intimidade e acusou o jornalista de ter abusado de sua boa-fé. Em poucos dias tudo ficou mais calmo, e aquilo que poderia ter mudado o rumo das eleições virou piada.

A chapa Mujica-Astori venceu o segundo turno eleitoral com 52,4% dos votos. Competiu com Luis Alberto Lacalle e Jorge Larrañaga, que representavam o Partido Nacional.[8] Mujica teve 90 mil votos a mais do que no primeiro turno, o que equivale a quatro pontos percentuais em um país com dois milhões e meio de eleitores habilitados. Muita gente.

Mujica acredita que ele, e não Astori, foi o responsável pela conquista desses novos eleitores. Também só ele poderia receber o apoio de presidentes como a argentina Cristina Kirchner e o venezuelano Hugo Chávez, que estavam distantes de Vázquez e Astori.

Lacalle presidiu o Uruguai de 1990 a 1995 e alguns de seus correligionários não gostam dele. Os integrantes do Partido Nacional são muito passionais, e Lacalle tem inimigos entre eles. Opõem-se a ele devido a feridas do passado que nunca chegaram a cicatrizar. Denúncias de corrupção contra seu governo, algumas falsas, outras verdadeiras, mas com as quais Lacalle nunca foi envolvido diretamente. No entanto, ficou desacreditado. E Mujica apostou nos *anticallistas*. E também nos veteranos do Partido Colorado que se negavam a votar em um *branco*, como são chamados os adeptos do Partido Nacional. Elaborou um discurso para que os eleitores dos partidos tradicionais se sentissem confortáveis ao seu lado. E conseguiu.

---

[8] O Partido Nacional é, ao lado do Colorado, a outra agremiação política fundadora do Uruguai. Surgiu em 1838 e está associado ao interior do país e ao ambiente rural. É identificado como de centro e de centro-direita.

> Estou cada vez mais convencido de que se não fosse eu, teríamos perdido. Gente que encontro por aí me demonstra isso. Brancos e colorados. Uma pessoa me disse outro dia que no primeiro turno votou em Bordaberry, mas no segundo votou em mim. São colorados que se negam a votar nos brancos. É um comportamento das pessoas mais velhas. Minha mãe era branca. Quando foi fundada a Frente Ampla, me disse: "Vão levar um milico para ser candidato? Estão loucos!". Nem podia vê-los. "Milico" era sinônimo de colorado.
>
> Tenho certeza de que, se eu não tivesse me candidatado, Cuqui (Lacalle) teria vencido, os brancos teriam vencido. Aqui as eleições eram definidas por um setor que não vota em um sujeito como Astori. Depois que venci a eleição interna, andava com a chibata debaixo do braço. Cagava de rir. Eu sabia que Cuqui não ganharia. Também havia sintomas dentro do Partido Nacional. Uma porção de brancos de primeira linha que não conseguem nem ver Lacalle votou em mim.
>
> Cuqui é aristocrata e me subestimou. "Tenho que ganhar desse velho picareta", pensou. Ele perdeu na base da sociedade e nunca se deu conta disso. Me confessou depois. Disse que achou que seria mais fácil por causa do meu passado. Mas eu não sou presidente porque fui tupamaro. Não entendem a cabeça e a generosidade das pessoas que acompanham você, muitas vezes apesar de seu passado. Às vezes, também o respeitam porque se arriscou por suas ideias, embora não concordem com você.

A região recebeu com alegria e esperança a candidatura presidencial de Mujica e deu sua contribuição. Naquele momento, os dois principais líderes da América do Sul eram Chávez e Lula, e ambos trabalharam para que o ex-guerrilheiro ficasse à frente do Uruguai.

Chávez começou a agir em 2008. Em setembro, durante uma visita oficial à África do Sul, o presidente da Venezuela deixou bem claras as suas intenções. Antes de um jantar com o presidente sul-africano, Thabo Mbeki, Chávez mandou chamar o embaixador uruguaio, Guillermo Pomi — um amigo próximo de Mujica — para que participasse dos atos protocolares. Ele não havia sido convidado, mas Chávez queria que estivesse presente.

"Precisamos falar com Lula, com Cristina (Kirchner), com Evo (Morales) e com Rafael (Correa) para que ajudem Pepe a ser presidente do Uruguai", disse Chávez naquela noite diante de Pomi e de vários integrantes do governo sul-africano. Já havia comunicado a Mujica alguns dias antes, em Caracas, que iria colaborar com ele em tudo o que estivesse ao seu alcance.

E foi o que fez durante toda a campanha. Até quis viajar a Montevidéu alguns dias antes das eleições, para explicitar seu apoio e anunciar benefícios ao Uruguai se a Frente Ampla vencesse, mas Mujica lhe pediu que não o fizesse. Não queria que o associassem a uma figura que não era apoiada pelo centro do espectro político uruguaio. As eleições são vencidas com o apoio do centro e Mujica já o cativara.

Lula recebeu-o em Brasília algumas semanas antes das eleições. Mujica resolveu levar Astori ao encontro, e os dois deram provas de que trabalhariam em sintonia. E mais: para acabar de legitimá-los, Lula fez ofertas concretas e sugeriu que se aproximassem da Argentina. Nesse momento, os presidentes do Uruguai e da Argentina, Tabaré Vázquez e Cristina Kirchner, estavam em conflito por causa da instalação de uma indústria de celulose no departamento de Rio Negro, no lado uruguaio. Nem se falavam.

Cristina Fernández também resolveu dar sua cartada e apostou forte em Mujica. Ofereceu-se para lhe dar o que achasse necessário para se eleger e facilitou a viagem de milhares de uruguaios que vivem na Argentina ao seu país de origem para que pudessem votar nele. A medida também influiu no resultado das eleições e no governo que logo começaria.

> Os brasileiros estavam esperando que eu ganhasse para que acertássemos tudo com os argentinos. Lula me disse: "Se você se eleger presidente, muitos dos problemas que existem entre vocês

serão solucionados." Olha só tudo o que estava em jogo se esse picareta ganhasse!

Os argentinos nos disseram: "Vocês nos pedem o que precisam, e nós lhes daremos o que precisarem." (Julio) Baraibar foi me representando depois do primeiro turno, lhes pediu algumas coisas e lhe deram tudo o que pediu. Colocaram alguns vagões fazendo o trajeto de Mar del Plata a Buenos Aires para transportar os uruguaios e, depois, para trazê-los pra cá para votar, forneceram cerca de 50 ônibus. Trouxeram pessoas de várias partes da Argentina, fizeram uma enorme panfletagem em Buenos Aires para convocar os uruguaios e deram dez dias de licença aos que viessem votar. Não nos deram mais porque não pedimos mais. Era óbvio que queriam resolver os problemas que tinham conosco.

Em meados de 2009, duas semanas antes do segundo turno eleitoral, tivemos uma reunião com Mujica em um bar do centro de Montevidéu. A essa altura ele estava convencido de que ia ganhar, mas não queria cometer nenhum erro que pudesse transformar a certeza em dúvida.

O bar, que não existe mais, tinha uma sala reservada, no primeiro andar. O encontro estava marcado para as sete da noite. Mujica chegou alguns minutos antes e estava inquieto. Parecia nervoso. Vernazza, seu duende mau, não queria que nos encontrasse, porque temia um rompante de sinceridade a poucas horas de uma vitória quase garantida, mas ele veio e se sentou para conversar conosco. No entanto, não quis ser entrevistado. Só queria conversar em confiança. Não conseguia acreditar que estava prestes a virar presidente.

Pretendia ficar por alguns minutos, mas entre uma bebida e outra passaram-se mais de três horas. Falou do "árduo trabalho" que teria dali em diante e deu indícios de algumas de suas prioridades. Disse como se sentia para encarar o desafio. Iria convocar os opositores, esquecer o passado e a ortodoxia, ter a "marcha a ré" preparada: tudo isso esteve em cima da mesa.

Naquele momento, sua prioridade número um, de curto prazo, era resolver o conflito com a Argentina. “As condições estão dadas. Tenho mil sinais do outro lado nesse sentido. Até me telefonaram para perguntar se eu queria fazer algum acordo prévio. Respondi que me deixassem ganhar primeiro”, confessou.

Naquele momento, suas obsessões a médio prazo eram a criação de uma nova universidade pública no interior do país focada no ensino técnico, a construção de casas para os pobres e o aperfeiçoamento da infraestrutura uruguaia através de ferrovias, portos e estradas. O interior do Uruguai era o que mais o preocupava naqueles dias. Formar os jovens que não viviam na capital e criar postos de trabalho para eles em suas cidades através do ensino técnico. “Nisso não recuo”, dizia. Preparava-se para entrar em conflito com a Universidade da República porque esta pediria “autonomia” educacional. Mas já preparara a resposta: “Se querem autonomia, que vão para Cuba, para ver como as coisas funcionam lá.”

Além de ansioso por fazer, estava assustado. Ele, como presidente, e sua esposa tomando seu juramento como a primeira senadora da chapa mais votada era algo que o abalava. “É digno de García Marquez”, repetia sem parar, balançando a cabeça. E recordava e repassava as últimas semanas.

> Libertei todos os demônios que podiam existir nestes meses. Pulei todos os obstáculos e resolvi me candidatar, por mais que muitos previssem uma tragédia. “Isso é excessivo”, diziam, mas o Uruguai está preparado para ter um presidente como eu. É impressionante.

Ali, no final da campanha eleitoral e prestes a ganhar o primeiro prêmio, também defendeu sua sinceridade e autenticidade e adiantou que seu governo teria muitas idas e vindas, se fosse necessário. Negociar seria a premissa de todas as horas, por mais que isso significasse andar mais devagar.

> Terão de fazer um monumento para mim porque sou a única pessoa da política uruguaia que diz o que pensa. Mas às vezes é muito incômodo dizer o que se pensa. O fato é que também tenho marcha a ré porque não sou fanático. Sou apaixonado, mas não fanático, e é assim que vou governar. Com muito diálogo e tentando envolver todos que conseguir.

Os futuros ministros foram mencionados na conversa. Mujica não quis dar nomes, mas falou de perfis. Afirmou que procuraria "pessoas capazes" de todas as tendências políticas e que teria como assessores empresários de "grana", alguns dos quais definiu como seus "amigos".

"Não vão me ver no passado", insistiu. Esse foi seu *leitmotiv* naquela noite. Anunciou que governaria sem rancores nem vinganças nem dogmatismos ideológicos. "Mudei, e muito", disse perto do final da conversa e da segunda garrafa de vinho.

> O pior é quando a raiz ideológica não lhe permite perceber a realidade como ela é. Faz tempo que abandonei isso e me dei conta da importância das nuances.
>
> A vida é porvir, não é passado, o que não quer dizer que o passado não exista. O passado existe, mas o determinante é o futuro. É o que lhe possibilita esquecer. Esquecer o caralho, porque você não esquece. Merda, como vou esquecer tudo o que passei? O negócio é superar.

Era verdade tudo aquilo que dizia? Estava a poucos dias de prová-lo, e sua obsessão era poder fazê-lo.

3. O presidente

Não podia começar de outra maneira. O diferente havia vencido e o diferente também é percebido nos detalhes. Que a cerimônia de posse de José Mujica na Presidência, em 1º de março de 2010, não teria um grande desdobramento era óbvio, ninguém ficou surpreso. Mas que a faixa presidencial que naquela tarde Tabaré Vázquez cruzou sobre seu peito fosse grande demais, isso sim foi uma coisa inesperada.

Alguns dias antes, a confecção da faixa presidencial havia motivado uma discussão indireta entre Vázquez e Mujica através de um intermediário que nem sequer é político. Seu nome é Alberto Fernández e é dono da Fripur, a empresa pesqueira mais importante do Uruguai. Fernández sempre teve boas relações com Vázquez e Mujica e mais ainda nas campanhas eleitorais. Foi um dos muitos empresários que contribuíram com dinheiro e até emprestou seu avião e seu carro particular para que os candidatos viajassem ao interior e ao exterior do país.

No início do mandato de Mujica, quis fazer mais um gesto, que acabou em dor de cabeça. "Quero lhe dar de presente a faixa presidencial", lhe disse algumas semanas antes da posse. A resposta de Mujica o surpreendeu.

— Que faixa que nada! Que Tabaré me dê a dele.

— Mas a faixa é pessoal. Cada presidente guarda a sua.

— Eu não quero guardar nada. Que Tabaré me dê a dele, e resolvemos o problema. Eu a devolverei depois.

— Então vou falar com Tabaré.

E assim fez quando pôde, mas estava muito claro desde antes da conversa que o problema não seria solucionado dessa forma.

— Tabaré, vou lhe dizer tal como ouvi. Mujica disse que não quer nenhuma faixa presidencial e que quer que você lhe dê a sua.

— Mas ele está louco!

— É o que quer.

— Se é assim, eu não levo a faixa à posse e tchau. Que coloque uma faixa de papel.

Fernández, desconcertado, não viu alternativa que não insistir com Mujica até a exaustão. Depois de várias idas e vindas, o futuro presidente aceitou, mas com a condição de que não o obrigassem a provar a faixa antes. "Faça o que quiser, mas eu não vou provar nada", advertiu-o.

De algum lugar tinham de sair as medidas e cada vez restava menos tempo. Desesperado, Fernández pegou uma almofada de bom tamanho, colocou-a na barriga e dessa forma chegou às medidas que usou para encomendar a faixa presidencial à Congregação Oblatas do Santíssimo Redentor, encarregada historicamente de realizar esta tarefa.

No meio do processo, freiras da congregação foram à chácara e chegaram a tirar algumas medidas de Mujica, mas secundárias. O mais importante já estava feito. E a faixa ficou muito grande: ultrapassava os joelhos de Vázquez e chegava à metade da coxa de Mujica.

O "modelo" de Fernández não tinha todas as medidas. Mujica tampouco quis buscar a faixa quando ficou pronta e não enviou ninguém de sua confiança para que o fizesse. Todos seus antecessores haviam encarregado essa tarefa a suas esposas, mas Mujica resolveu, mais uma vez, ser a exceção. O encarregado de retirá-la foi Fernández, que teve de sair pela porta dos fundos do convento para evitar a imprensa. Levou-a para casa em uma caixa de madeira que havia preparado, dentro de uma bolsa preta.

O empresário queria se livrar o quanto antes do valioso objeto, e assim que chegou em casa, no luxuoso bairro Carrasco, de Montevidéu, ligou para Mujica, que estava em sua chácara de Rincón del Cerro. Lucía o atendeu.

— Estou com a faixa e a levo hoje mesmo. Está em uma caixa. Não me atrevi a abri-la.

— Ótimo, mas Pepe diz que não deve trazê-la, que a leve no dia primeiro de março, pois aqui vai estragar.

Fernández ficou em silêncio e então se despediu e desligou. Passou duas noites sem dormir, temendo que a roubassem de sua casa. Até contratou um segurança particular. No terceiro dia, não aguentou mais e a levou à chácara. A essa altura, Mujica já havia dito à imprensa que Fernández lhe dera a faixa presidencial de presente. Colocara-o no olho do furacão.

Assim começou o mandato de Mujica: sem muita vontade de participar de cerimônias e de atender aos protocolos. A primeira coisa que fez, no momento em que Vázquez finalmente o coroou com a faixa da discórdia, foi lhe dizer: “É possível que eu a devolva daqui a cinco anos.” Mas pediu que fizessem outra igual para seu vice-presidente Astori, coisa que nunca se concretizou porque Astori se negou taxativamente. Mujica, desde o dia de sua posse, sempre se sentiu com um pé do lado de fora.

“Não sei se duro mais de três anos”, dizia naquela época. Falava de sua saúde deteriorada e de seus mais de 70 anos. Desde o primeiro dia, achou que aquilo não iria durar. Os planos se amontoavam antes de 1º de março, e a ansiedade mal o deixava dormir. Preferia pensar a curto prazo, em um final não muito distante. Ao menos no princípio.

"Em que confusão nos metemos, velha!", foi o que disse à sua esposa Lucía na manhã de 30 de novembro de 2009, quando compartilhavam o mate. Na noite anterior, havia vencido as eleições. Falaram das "voltas da vida", de "nem nos melhores sonhos" e de coisas do tipo. Ela lhe recordou que seria a encarregada de tomar seu juramento como presidente, pois era a primeira senadora da chapa mais votada. Riram durante alguns segundos. De alegria e de nervosismo. A *ovelha negra* no poder.

Mujica instalou a sede do governo eleito em um casarão pertencente à Frente Ampla. Não houve nem hotel nem qualquer mudança de espaço significativa, à diferença do que acontecera nas transições anteriores. Mujica optou por continuar trabalhando no escritório de sempre. Queria mostrar austeridade nos detalhes. Na transição, na cerimônia de posse e até no salário. Já no primeiro dia anunciou que doaria 70% do que recebesse como pagamento para construir casas para os pobres, e foi o que fez até o final de seu mandato, entregando um total de cerca de meio milhão de dólares.

> Resolvi preparar a transição do governo na sede da Frente Ampla e evitar os lugares luxuosos e a ostentação. Não me meti na política pelo dinheiro, coisa que não me interessa. Não sou contra o sujeito que quer grana, mas é preciso separar o joio do trigo. Fico irritado com a esquerda, sobretudo quando vem com blá-blá-blá pra cima de mim.
>
> Instalar-se na casa da Frente Ampla significava, antes de mais nada, simbolizar o respeito pelo partido e envolvê-lo no governo. Aqui há um problema de quantificação relativa na eleição de mandatários. Deve-se colocar os mais capazes no governo, mas quem os elege? As pessoas votam na pessoa que ocupará a Presidência, mas também votam no partido político. Por isso, o partido deve indicar candidatos para os postos e cabe ao presidente avaliar e optar. Não posso nomear paraque-

> distas ou quem me ocorrer. Aqueles que o acompanharam na eleição também têm de pôr as mãos na massa.

Assim, antes de assumir oficialmente em 1º de março de 2010, Mujica começou a estruturar seu governo na base do diálogo, em especial com seu partido político, mas também com a oposição. Isso, sim, fez à sua maneira. Preferiu não levar muito em conta os mecanismos institucionais e se concentrou em suas afinidades e preferências.

Além das reuniões formais com os principais líderes partidários e setoriais, manteve um diálogo fluente com aqueles que eram seus verdadeiros interlocutores. Designou pessoas de sua confiança para ocupar quase todos os postos do poder, mas muitas delas não seriam nomeadas ministros. Cada setor teria seu ministro, mas Mujica se encarregou de indicar uma pessoa para controlá-los. A tática do duende mau.

Em relação à oposição, optou por conversar mais com seu amigo do Partido Nacional Jorge *Guapo* Larrañaga que, assim como Lacalle, fora seu adversário. Mujica nunca teve muita afinidade com Lacalle e vice-versa. "Não posso acreditar que esse seboso está na minha poltrona. A que ponto chegamos", se queixou Lacalle na primeira vez que o viu na Câmara dos Senadores, sentado no mesmo lugar que ele ocupara dez anos antes. E chegaria a muito mais. A futura poltrona que herdaria seria a de presidente, mas Lacalle nunca refreou nem dissimulou sua rejeição.

> Não posso conversar a respeito de tudo com Cuqui Lacalle porque não tenho nenhuma afinidade com ele. Por isso já conversei com Guapo para preparar o terreno e usá-lo como interlocutor. Há brancos e brancos e eu prefiro conversar com aqueles com quem me sinto mais confortável.
>
> Existem muitas instâncias institucionais nas quais o presidente poderá se reunir com os líderes políticos, mas eu vou coordenar com a base. Sempre vou conversar com aqueles com

quem me sinto mais confortável. Foi assim que fiz ao longo de toda a vida e não vou mudar agora.

Depois vou ter de negociar com o pessoal do Partido Colorado, que certamente vai concordar. Não é difícil convencê-los, mas alguns são um pouco desonestos. Fazem transações comerciais. Têm séculos de governo enfiados no sangue. Mas, bem, é o que há.

As semanas foram passando e chegou o dia 1º de março. "Hoje estou no céu, mas amanhã começa o purgatório", ironizou Mujica depois de prestar juramento como presidente diante da Assembleia Geral, das principais figuras políticas uruguaias e de delegações de todas as partes do mundo. O novo chefe de Estado aproveitou a oportunidade para deixar claro que o que estava para começar não seria apenas mais um quinquênio.

Depois da cerimônia conduzida por sua esposa, Mujica leu um discurso de pouco mais de meia hora e recebeu aplausos de todos os lados. Disse o que muitos queriam ouvir, qualquer que fosse sua orientação política. Educação, educação e educação como o mais importante. Pensar no país tendo em mente os próximos vinte anos e acertar políticas de Estado com todos os partidos. A liberdade como forma de governar e viver. Reformar o Estado para reduzir os privilégios excessivos dos funcionários públicos. Uma boa partida, embora com expectativas excessivamente altas.

Diante das figuras internacionais se mostrou desinibido e evitou até onde pôde as formalidades. Sem gravata e com uma camisa de colarinho redondo, passeou entre reis, presidentes e ministros fazendo piadas e evitando palavras protocolares. "A primeira impressão é muito importante", costuma dizer. E nesse dia colocou a frase à prova.

Com a norte-americana Hillary Clinton, que naquele momento era secretária de Estado do presidente Barack Obama, se reuniu durante mais de meia hora, fez algumas piadas sobre sua condição de ex-guerrilheiro e até passou a mão em seu joelho, provocando certo nervosismo na lídima representante da cultura anglo-saxã. Graças a essa impressão, Hillary resolveu, em Washington, indicar para ser embaixadora dos Estados Unidos no Uruguai Julissa Reynoso, uma latina nascida no Bronx de Nova York que manteve uma relação muito fluida com Mujica.

Saudou Felipe de Borbón, filho do então rei da Espanha, Juan Carlos, com um aperto de mão muito efusivo, aproximou-se de seu ouvido e lhe disse: "Saudações aos seus velhos." A resposta foi um sorriso incômodo do futuro monarca.

Já tivera muitos contatos com Cristina Kirchner na condição de presidente eleito. As relações entre os dois estavam em seu melhor momento. Nesse dia, se mostrou próximo dela e até lhe deu um abraço afetuoso quando chegou a vez de saudá-la. Não foi mais efusivo para não ferir seu antecessor Vázquez, mas lhe deu a entender que ali começava uma paquera que poderia terminar em romance.

Chávez havia lhe pedido uma reunião a sós. A relação fluida entre os dois havia começado muito antes. Como ministro da Pecuária, Mujica visitara a Venezuela várias vezes e Chávez esteve em Montevidéu. Gostavam de conversar a respeito de tudo. Consideravam-se amigos. Na noite de 1º de março, quando terminou a cerimônia protocolar, o recém-empossado presidente se dirigiu ao hotel onde Chávez se hospedava. Não ficou mais de meia hora porque estava exausto, mas lhe disse algo.

> Adverti-o desde o começo, quando ele assumiu na Venezuela, que não ia construir o socialismo. E não construiu um caralho. Mas não tenho dúvida de que milhões de pessoas pobres hoje vivem melhor. Sempre é possível fazer alguma coisa, e é isso o que vai ficar para a História. No caso do meu governo, algo semelhante pode ficar, mas meu caminho é muito diferente do de Chávez. Eu o avisei desde o dia em que assumi. "Eu irei para outro lado", lhe disse. Se vier uma boa conjuntura, vou

> sair em honra, e se não, vão querer me matar. O certo é que não vou afanar nenhum vintém e vou trabalhar para os pobres.

Um dia depois da posse, Mujica se instalou no gabinete presidencial do décimo primeiro andar da Torre Executiva, localizada na praça Independência, bem no centro de Montevidéu. Achou-o grande, enorme. Quase o dobro do tamanho de sua casa. Não sabia por onde começar a se familiarizar com tudo aquilo. Ao longo de cinco anos foi enchendo-o de presentes e mais presentes. Jarros, fotografias, maquetes de trens e de casas, esculturas, leques, uma guitarra elétrica... tudo. Mas a princípio parecia um deserto, uma paisagem desolada.

Da janela, observou por alguns minutos a avenida sul de Montevidéu. A euforia havia passado e, agora sim, começava o que tanto desejara. Em sua cabeça, as ideias estavam um pouco embaralhadas e precisava organizá-las. A ordem nunca foi seu forte, mas agora era necessária. Pegou lápis e papel e fez algumas anotações.

Diante de sua cadeira havia um computador, mas não lhe deu a menor importância. Considerou-o parte da decoração e recordou que ainda faltava alguma coisa. Pegou um porta-retratos com uma foto de sua esposa no meio de flores e colocou-o ao seu lado. Fez a mesma coisa com outra de Bebe Sendic. Há mais de dez anos repetia a mesma cerimônia em cada um de seus novos lugares de trabalho.

Jamais teve muitas coisas em sua escrivaninha. Nem nesse primeiro dia nem no último. Os objetos que ganhou de presente ocupavam as laterais, como um exército pronto para invadir o descampado. Diante dele sempre havia canetas, papéis que variavam de acordo com o tema do momento, jornais e as fotografias. Jamais chegou sequer a atravessar o umbral do mundo tecnológico.

> Não me habituo à tecnologia. Sou antigo e não vou mudar agora. Só liguei o computador que tenho na escrivaninha um

par de vezes. Mas nem olhei para ele. Não preciso. Há coisas que não vou fazer mais. Tenho 78 anos. Pare com isso! Relaxe um pouco! Às vezes pego o computador de Lucía e sou um desastre. Uma criança faz uma festa comigo. Você tem que praticar e tudo isso, e eu já estou velho. Tento ler os jornais nele, mas faço o que posso. Percebo que o mundo vai por aí, mas meu mundo é outro. Se você não me deixar ler e escrever à mão, não consigo. A esta altura não posso me reciclar. Agora, para as besteiras que dizem, podem enfiar todos os computadores no cu. Estou podre de ler besteiras. Não têm uma ideia. Uma série de lugares comuns que dão febre.

Prefiro ler muito e pensar. Tento interpretar o máximo que posso aquilo que leio. E às vezes, quando tenho tempo, escrevo para ajeitar a cabeça. Isso organiza um pouco as ideias.

Ler e pensar o salvaram da loucura e o levaram à maior glória a que qualquer político pode aspirar. Agora era necessário dar outro passo: fazer. Para isso, se preparava e escrevia. O socialismo em sua forma mais simples havia sido sempre sua definição ideológica. O que poderia fazer a respeito? Sabia que muito pouco, mas precisava dar algum sinal nesse sentido. Ocorreu-lhe fomentar, a partir do governo, a autogestão para alguns empreendimentos que pudessem funcionar como exemplo. A palavra "autogestão" estava, sem dúvida, escrita no primeiro papel que pousou em sua escrivaninha.

Eu vejo o caminho experimental para construções socializantes em um país pequeno e do Terceiro Mundo pelo lado da alavanca da autogestão. A ideia é criar empresas modelo autogeridas pelos trabalhadores. Sou contra a exploração do homem pelo homem, mas... Se arrisque também! O grande motor do capitalismo é o lado criativo. Caso contrário, você fica fazendo a sesta; se acomoda e aí termina em nada, como aconteceu em quase todos os países socialistas.

Não queria saber nada daquelas experiências fracassadas do passado nem de protagonizar uma tentativa similar no presente. Por isso, também anotou em um papel que era necessário eliminar as travas ideológicas que não permitem que o pensamento flua. Mujica não as tem, mas era necessário eliminar qualquer vestígio que estivesse perdido por aí. A autogestão, em alguns casos específicos, é sim um caminho viável para encontrar uma alternativa à exploração do homem pelo homem, mas depois "à merda com os dogmas". Já havia dito a Chávez e repetira durante toda a campanha eleitoral: nada de loucuras.

Sua principal fonte de consulta seria o senso comum. Não pretendia realizar grandes transformações nem mudar a ordem estabelecida. A revolução havia passado das armas às urnas e depois a seu pensamento.

> Uma das principais fontes de conhecimento é o senso comum. O problema é quando você coloca a ideologia acima da realidade. A realidade bate em suas fuças e o atira no chão. Quando a ideologia começa a substituir a realidade, você passa a viver na ficção, e isto vai levá-lo à ruína e a conclusões fantasiosas, que não existem. Eu tenho de lutar para melhorar a vida das pessoas na realidade concreta de hoje, e não o fazer é imoral. Essa é a realidade. Estou lutando por ideais, magnífico, mas não posso sacrificar o bem-estar das pessoas por ideais. A vida é uma só e é muito curta.

Mais dois assuntos faziam parte de suas prioridades naqueles dias e viraram temas recorrentes durante todo seu governo: a terra e a educação. O primeiro, inspirado por Bebe Sendic, era uma coisa que o obcecava desde a época da guerrilha. O valor da terra, quem são seus proprietários, como se trabalha, o que fazer para povoá-la. Na noite de 1º de março, durante um jantar oferecido às delegações estrangeiras, Mujica anunciou que tentaria trazer camponeses de países sul-americanos pobres para os campos uruguaios. Montevidéu tem a metade da população do país; quanto à outra metade, só uma de cada cinco pessoas vive no ambiente rural.

Já no governo, fez algumas tentativas para repovoar o campo. Quase nada funcionou. O que de fato concretizou foi a criação de um imposto para os grandes proprietários rurais, aqueles que possuíssem mais de 2.000 hectares, apesar da oposição de Astori e de uma parte importante do sistema político uruguaio e sem dar muita atenção aos detalhes. Depois, teve de enfrentar as consequências. Uma declaração de inconstitucionalidade da Suprema Corte de Justiça obrigou-o a recomeçar no meio de seu mandato. Mas nisso não cedeu. Insistiu, aumentando outros impostos dos grandes proprietários de terra, que são cobrados até os dias de hoje.

> Não tenho problemas com o fato de discordarem de mim. Quem discorda não precisa mandar o governo à merda. Simplesmente alguém tem que decidir e eu acabo decidindo. Mas adoro discutir. Posso discutir algumas coisas com Danilo durante anos e não vamos chegar a um acordo. O imposto da terra que resolvi criar é um imposto de origem batllista e a questão da terra é muito importante para os tupamaros. José Batlle y Ordóñez[1] afirmava, no começo do século XX, que uma parte da terra pertencia à sociedade e que era necessário pagar por ela. Os proprietários de terra têm de devolver alguma coisa à sociedade. Além disso, o que é arrecadado por esse imposto serve para manter as estradas rurais, em acordo com todos os prefeitos.

Mujica é proprietário da chácara onde vive com Lucía. Comprou-a quando saiu da prisão e, desde então, fez melhorias, incorporou terrenos adjacentes. Isso lhe deu uma ideia de até que ponto é possível aumentar o valor da terra

---

[1] Duas vezes presidente do Uruguai (1903-1907 e 1911-1915). Promoveu a separação do Estado da Igreja católica e fez diversas reformas sociais. Sua obra e legado são detalhados no quinto capítulo.

e terminou de convencê-lo de que criar um imposto para os proprietários de terra não era matéria de negociação.

> A chácara me custou, no máximo, 17 mil dólares, no final dos anos 1980. Eram quatorze hectares. Depois comprei cinco hectares ao lado por 10 mil dólares. Agora vale muito mais, mas o aumento não é fruto do trabalho que fiz lá em cima. Depois comprei outra. Tenho 25 hectares. Os últimos seis hectares me custaram 50 mil dólares. Comprei-os porque havia um poço espetacular. Hoje tudo isso sai, fácil, por 500 mil dólares. Não há proporção entre o que você paga e o que vale. Uma parte disso tem de ser da sociedade. Não seja mau! Você tem milhões de dólares em terra e não quer pagar nem mais um peso. Que xingue quem quiser xingar, mas isso eu não negocio.

Quanto à educação, sua maior obsessão no início de seu mandato presidencial foi a de criar mecanismos que dessem aos jovens a possibilidade de aprender ofícios. Repetir três vezes a palavra "educação" em seu discurso de posse não foi um pretexto para gerar aplausos. Naquele momento, Mujica pretendia provocar uma boa sacudida a respeito do assunto. E, embora tenha conseguido concretizar algumas ideias, quem foi sacudido foi ele. Naquele mês de março de 2010, seu projeto era separar o ensino técnico do formal para que os jovens pudessem chegar mais rápido ao mercado de trabalho sem ter de passar pela universidade. Queria fundar uma nova organização, fora da estrutura tradicional, centrada na Universidade Tecnológica do Uruguai (UTU), uma instituição destinada a adolescentes egressos do Ciclo Básico. Nada disso aconteceu e até os dias de hoje a UTU depende das autoridades centrais de ensino, que permanecem autônomas.

> Se permitirem, tiro a UTU de toda essa confusão do ensino secundário e a junto com outras coisas, como o Laboratório

> Tecnológico do Uruguai e outras instituições, e vão ver o que acontece. Não sei se conseguirei. Quero lhes revelar minha fantasia: uma nova instituição que se livre do peso das autoridades formais e da autonomia, que causaram muitos danos. É preciso experimentar muita coisa e não acho que isso possa ser feito com o ensino secundário. Quando você não sabe o que tem de fazer com clareza, precisa fazer testes para tentar encontrar o caminho.

E foi o que fez, e recebeu em resposta uma resistência persistente da maioria do sistema político, em especial de dois dos setores que o levaram ao poder: o Partido Socialista e a Assembleia Uruguai, um grupo liderado por Astori. "Foram o socialista Roque Arregui e o astorista José Carlos Mahía, ao lado de parlamentares brancos e colorados, que trancaram minha reforma. Até os prefeitos de oposição me apoiaram", nos confessou no final de seu governo.

A separação por lei do ensino técnico do formal é o fracasso que Mujica mais lamenta. Mas, mesmo assim, procurou uma forma de poder hierarquizar as aulas destinadas a ensinar ofícios. A resistência de um sistema político habituado à educação formal o impeliu a recorrer a métodos alternativos.

Promoveu um "golpe de Estado" contra as autoridades de ensino e colocou à frente das instituições que estabeleciam as diretrizes pessoas provenientes da educação informal e técnica. "Tomei o poder pela força e nem perceberam", ironizou poucos dias antes de deixar a Presidência.

A mudança gerou um aumento significativo de matrículas na UTU e levou a melhores resultados nesse setor do ensino. Um consolo para Mujica. Um alívio, aliado ao fato de ter conseguido melhorar, embora minimamente, as condições do ensino no interior do país. Isso graças à sua ideia de criar uma nova universidade pública fora de Montevidéu, destinada a cursos de curta duração e técnicos, e à ajuda do então reitor da Universidade da República (a principal e mais antiga do Uruguai), Rodrigo Arocena, que considera um amigo. Mas também se sente insatisfeito. "A porra do ensino é complicada", foi sua conclusão no final do caminho.

Teve problemas até para reformar edifícios destinados a escolas e liceus. Nesse caso, a principal resistência foi da burocracia do Estado. Também ali procurou uma forma e conseguiu reverter uma situação complicada. E mais uma vez foi obrigado a recorrer a um caminho oculto.

Sua cúmplice foi a Corporação Nacional para o Desenvolvimento, e, especialmente, sua presidente, Adriana Rodríguez, que levou muito a sério a questão de terminar as reformas. Mujica não hesita em citá-la como exemplo e defender manobras que valham a pena. "Tive de inventar uma espécie de Estado paralelo para conseguir superar a crise logística do sistema de ensino. Se não fosse assim, não teria sido possível fazer porra nenhuma."

• • •

Superar o conflito com a Argentina, tentar se aproximar dos militares e reduzir uma parte significativa das despesas excessivas do Estado foram três das medidas que resolveu levar a cabo nas primeiras semanas de seu governo.

Quanto às questões com a Argentina, as negociações foram bem-sucedidas. Os conflitos entre Vázquez e Néstor Kirchner primeiro, e com sua esposa Cristina Fernández depois, haviam provocado o bloqueio de mais de quatro anos da principal ponte entre a Argentina e o Uruguai. O trânsito fora interrompido pelos argentinos da cidade fronteiriça de Gualeguaychú, em protesto pela instalação de uma fábrica de celulose no lado uruguaio. Um dos principais objetivos de Mujica era levantar esse bloqueio, coisa que conseguiu seis meses depois. Com esse objetivo, votou em Néstor Kirchner nas eleições para a Secretaria-Geral da União de Nações Sul-Americanas, ideia à qual Vázquez se opusera. A tensão foi diminuindo até quase desaparecer. No entanto, com o passar dos anos de governo, o romance entre Mujica e Cristina Kirchner acabou em divórcio, embora o principal objetivo tivesse sido atingido.

> Na luta com a Argentina, brincamos de medir quem tinha o pau maior. Foi uma briga de galos. As pontes ficaram fechadas durante cinco anos por uma estupidez dessas. Os presidentes têm de ter marcha a ré. O importante é a maioria das pessoas. Você não pode ter caprichos. Eu sei que alguns não gostaram nem um pouco do fato de eu ter feito o acordo, mas fiz o que era melhor para o meu país. Nós, por casualidade, não somos uma província da Argentina. Tenho muito claro o que é a História. Quando brigamos com a Argentina, nos damos mal. Veja o turismo. Eles adoram o Uruguai e o desfrutam como loucos; o idealizam e o adoram. É preciso aproveitar. Estou cansado de tirar fotografias com argentinos em Colonia. Me dizem que querem ter um presidente como eu. Vêm e colocam grana. É preciso cuidar disso. Você sabe a quantidade de gente que vive disso? É uma coisa de louco! Eu também penso em toda essa gente.

O fato de um tupamaro estar ocupando a Presidência do país deve ter gerado um desassossego estranho nos militares. Embora a maioria daqueles que estavam naquele momento em atividade nas Forças Armadas não tivesse participado, como protagonistas, do enfrentamento dos anos 1960 com a guerrilha, todos eles cresceram e se formaram ouvindo que Sendic era o que havia de mais semelhante ao demônio no Uruguai.

Mujica sabia disso e já desde o primeiro dia colocou os militares no centro de suas prioridades. Em 2 de março, idealizou uma reunião com todos os generais, coronéis e sargentos do Exército, que foi marcada para quinze dias depois no departamento de Durazno, no centro do país. Ali fez um longo discurso, no qual enalteceu as virtudes das Forças Armadas e tranquilizou os mais nervosos. "Soldados da minha pátria", lhes disse, e afirmou que sentia orgulho deles e que tentaria olhar para eles com atenção sempre que possível.

> Acho que os milicos têm um papel chave. Não podemos ser ingênuos. Está muito claro que sem as Forças Armadas é impossível. É óbvio que quem luta pelo poder tem que se preocupar com as Forças Armadas. Porque, na realidade, "nunca mais ditadura militar" é um belo sentimento, mas a garantia de que isso realmente aconteça é que a cabeça dos oficiais do Exército reflita a realidade política do país, mais ou menos. Para que os golpistas possam se apropriar dessa máquina e depois conduzi-la para derrotar o governo precisam ter unidade. A única garantia que existe contra essa unanimidade golpista é a definição política distinta dos integrantes dessa oficialidade. Quando a divisão política da sociedade não entra na cabeça dos oficiais, fica na mão de lojas, de grupos. Ou são maçons, ou são nacionalistas ou o que quer que seja. Assim é a vida militar no mundo. Por isso nós da Frente Ampla temos de trazer os militares para o nosso lado. Essa é a garantia da democracia.
>
> Lamentavelmente, dei de cara com uma esquerda pacata que tem medo de fazer política com os milicos. Eu tenho medo do fato de não haver milicos no meu partido político. Vou dá-los de presente para a direita! Não seja tolo! É uma luta pelo poder que eu entendi desde o primeiro momento. Não conheço ninguém no mundo que tenha lutado pelo poder e não tenha se preocupado em ter milicos ao seu lado. Se você não fizer isso, perde.

Tentou, além disso, como sinal político, permitir que os cerca de vinte militares da reserva que estavam presos por delitos cometidos durante a ditadura militar (1973-1985) cumprissem suas penas em regime domiciliar. O processo transcorrera no primeiro governo da Frente Ampla, e muitos dos que permaneciam atrás das grades haviam sido seus carcereiros. Procurou enviá-los a suas casas como sinal de paz. Anunciou sua intenção, publicamente, na primeira semana de governo, não obteve nenhum apoio e optou por não dar esse passo.

> Quis lutar para conseguir que os milicos ficassem em regime de prisão domiciliar. Mas perdi antes de fazer qualquer coisa. Percebi que ia dividir o governo recém-empossado ao meio e que isso seria inútil, porque ia perder. Mas jamais mudei de opinião. Não quero velhos de 80 anos presos. Não serve para nada deleitar-se dessa forma no passado e ver esses sujeitos morrerem na prisão. Isso não muda nada. É preciso parar de querer foder. Sempre disse isso e tive de ficar quieto.

Cortar alguns excessos do Estado foi a terceira questão que Mujica abordou imediatamente. Colocou à venda a residência presidencial de Punta del Este, balneário da costa leste de prestígio internacional, reduziu as diárias das viagens ao exterior e até mandou retirar da casa presidencial de Anchorena um iate que estava ancorado no limítrofe Rio San Juan, medida que tornou pública. A ideia era sinalizar que estava começando um governo pautado pela sobriedade.

> Mandei que levassem o iate dali. Se tenho um iate, tenho de ter um marinheiro, à toa. Pedi a um marinheiro amigo que o levasse ao cu do mundo. Acho que foi presenteado pela Seita Moon a Pacheco[2] e nunca o haviam tirado dali. São sinais. É uma coisa semelhante à casa de Punta del Este. Se amanhã vier um presidente que queira ficar em Punta del Este, que se hospede no Hotel Conrad, que tem uma suíte presidencial.

---

[2] Jorge Pacheco Areco assumiu como presidente do Uruguai em 6 de dezembro de 1967, depois do falecimento de Oscar Gestido, e ficou no cargo até 1972. Liderou o combate contra os tupamaros, recorrendo a mecanismos constitucionais previstos para situações extremas.

> Economizaremos como loucos. Não temos de pagar salário àqueles cinco sujeitos que ficam o ano todo sem fazer nada. Na residência presidencial de Suárez (em Montevidéu) também há uma quantidade enorme de funcionários que não fazem nada. Mas tudo isso, embora pareça coisa de louco, é intocável.

Eram detalhes menores da gordura do Estado. Não teve, porém, como enfrentar a maioria dos casos. No entanto, desde o primeiro dia anunciou suas intenções. Chegou a pendurar na porta de sua sala o seguinte cartaz: "Não envergonhar o senhor Presidente. Tornar efetiva a contribuição à Frente Ampla." Nunca recebeu diárias por suas viagens ao exterior e repetiu durante todo seu mandato que doava 70% de seu salário para ver se difundia o bom exemplo. Deu de frente contra uma parede, que, a julgar por sua frustração, era bastante dura.

> Estou de saco cheio de assinar diárias. É uma coisa terrível. Disse a todos os diretores gerais dos ministérios que parem de foder com as viagens. A maioria não serve para nada.
>
> Eu também sou um anjinho. Me dão zero bola. Às vezes as pessoas podem ser terríveis. Doo a maior parte do meu salário e não consegui convencer quase ninguém do governo a dar um peso para as casas dos pobres. As exceções são poucas. É brutal.

As mudanças que, com o tempo, foi possível concretizar no Estado estão mais relacionadas com a gestão e a inovação do que com economia. É provável que nenhuma delas fizesse parte desde o início da relação das questões que considera imprescindíveis, mas são resultados concretos que não hesita em reivindicar para si e que terão impacto no futuro.

Questões colaterais às que se destacam na figura de Mujica também estarão presentes nos livros de História: durante os cinco anos de seu governo, foram incorporadas à matriz energética energias renováveis (a eólica, a solar e os biocombustíveis), a aposta em um terminal de regaseificação, o início da prospecção de gás e petróleo no Uruguai e uma nova interconexão elétrica com o Brasil.

Outros assuntos a destacar são, por exemplo, o fato de que as empresas públicas ampliaram de forma considerável seus investimentos, gerando um maior dinamismo na economia local, embora também um déficit fiscal, que Mujica justifica como "necessário". Ou que os funcionários estatais tenham começado a ser regidos por um novo Estatuto, depois de várias idas e vindas, negociações, greves, modificações do texto original e modificações das modificações. O resultado: um regime laboral um pouco mais adaptado à realidade, mas longe da ideia inicial de igualar os empregados públicos aos privados.

A lista é mais longa, embora possa ser resumida a alguns fracassos e alguns êxitos, desde o início e ao longo de cinco anos. Mas sua chegada ao poder gerou na sociedade uma vibração similar ao terremoto que Mujica mencionara antes, embora muito mais leve e subterrâneo. Desses que não provocam grandes mudanças na superfície, mas deixam sequelas.

4. O irreverente

A manhã havia sido estranha. Tudo começou muito cedo, alguns minutos depois das oito. O sol, ainda fraco, tornava mais intenso o verde da campina quando chegamos à entrada da residência presidencial de Anchorena, localizada no departamento de Colonia, a cerca de 210 quilômetros de Montevidéu. Apresentamos os documentos e atravessamos a primeira barreira. Quando paramos o carro diante da segunda, ouvimos duas buzinadas às nossas costas. Uma caminhonete Mitsubishi 4 × 4 branca pretendia seguir caminho. O chofer fez um movimento rápido e se postou ao nosso lado. "Siga-me que eu te levo!", gritou Mujica do volante, depois de descer a janela. No assento do acompanhante estava Lucía. Acabaram-se os controles. Engatamos a primeira marcha e seguimos o presidente.

Alguns quilômetros depois chegamos à casa principal, uma mansão de estilo colonial construída no começo do século XX por um milionário argentino, Aarón de Anchorena, e doada ao Estado uruguaio para uso exclusivo do presidente. Mujica e sua esposa desceram da caminhonete e descobrimos que havia uma terceira integrante no grupo de passageiros: a cadela Manuela. O presidente e a primeira-dama usavam calças e sapatos esportivos e moletons um pouco desbotados. Ele usava boné e óculos de sol e por isso não foi fácil reconhecê-lo. Os óculos, marca Ray-ban, haviam sido esquecidos por Raúl

Sendic filho, então presidente da empresa petrolífera estatal Ancap, e Mujica se apoderara deles.

Umas poucas palavras serviram de boas-vindas e logo surgiu a proposta: "Vamos dar uma volta", nos disse. E subimos na caminhonete. Nós éramos três — uma de nossas companheiras participava da visita —; eles eram dois e Manuela. Todos excursionando com o presidente, que fazia os papéis de chofer e guia. Andamos por bosques de carvalho, cruzamos com manadas de cervos e até descemos em uma praia do Rio da Prata da qual se vê Buenos Aires. Uma manhã peculiar, sem dúvida.

Mas faltava muito mais. Ao chegar à casa principal, fomos convidados a percorrer suas instalações; o único aposento que estava ocupado era a cozinha. O *tour* incluiu os quatro dormitórios, o *living*, uma zona destinada a troféus de caça — entre eles uma cabeça dos índios jivaro —, outra onde havia lembranças de viagens a várias partes do mundo e um enorme salão com uma mesa para vinte pessoas e um aquecedor à lenha. Tudo bem antigo e luxuoso. "Até parece um museu", comentou Mujica. "Neste canto, por exemplo, se sentavam os milicos para tomar uísque enquanto eu estava nos calabouços, e nesta cadeira Bush se sentou três anos atrás", detalhou, apontando alguns lugares da mesa gigantesca.

"Nós dormimos ali", disse Lucía, e começou a caminhar para uma construção que ficava ao lado da casa principal, destinada originalmente aos caseiros. "É onde ficamos; é chamada de hotelzinho porque também é usada pelos hóspedes."

Fomos até lá, os cinco; Manuela indicava o caminho. Sua casinha, feita de um cobertor velho e esburacado, ficava ao lado da porta de entrada. Na sala de jantar, a estufa à lenha estava acesa, e a mesa, posta. Almoçamos um guisado de lentilha, com duas garrafas de vinho. E chegou a vontade de ir ao banheiro. Ao fechar a porta e parar diante da latrina, veio a surpresa maior: a roupa de baixo do presidente e a de sua esposa pendiam de uma das janelas.

Mujica foi presidente assim, do ponto de vista protocolar. Esses episódios, como o de Anchorena, aconteciam o tempo todo e se transformaram em lendas que ainda circulam em várias partes do mundo. "O protocolo, a liturgia do poder e todas estas idiotices não me importam!", resumiu em uma das muitas conversas que tivemos.

Foi assim que se comportou no Uruguai e no exterior. Com irreverência. Desrespeitando quase todas as convenções e enlouquecendo os funcionários encarregados de trabalhar em cada um dos aspectos associados ao chefe de Estado.

Na Torre Executiva, os funcionários responsáveis pelas questões protocolares ficam em um setor do décimo andar, um abaixo de onde está localizado o gabinete presidencial. São cerca de vinte pessoas que tratam desses assuntos e, no meio do mandato de Mujica, estavam todas brigadas. Não tinham muito o que fazer e o pouco que faziam não estava de acordo com aquilo que havia sido planejado.

"É muito difícil trabalhar com Mujica. Ele não gosta de seguir nenhum roteiro e até se irrita quando você tenta planejar os detalhes. Não o suportamos mais. Vários aqui querem que vá embora", confessou um funcionário que trabalha há mais de vinte anos na Presidência. E muitos tinham o mesmo sentimento. Durante os cinco anos em que tiveram que coordenar suas atividades, tiveram tempo de sobra, e isso sempre dificulta a convivência laboral.

> Na minha próxima viagem aos Estados Unidos, vou levar pessoas do protocolo. Preciso aceitar isso, embora preferisse deixá-los aqui. Está claro que não sou um sujeito muito preocupado com o protocolo, não? Ficam na Torre, embaixo do meu escritório, e passam o dia inteiro sem fazer nada. Não lhes dou bola. Sou obrigado a aturar muitas questões de protocolo. Bem, comecei a ver a monarquia com outros olhos. Encontro o príncipe da Espanha em todos os lugares. É como a salsa, está em todos os pratos. Está difícil suportar isso. A coisa que mais me desespera nos protocolos é a grana que os Estados jogam pelo ralo. Até na Bolívia vivi isso. No fundo, te agridem com essas coisas.

Os funcionários do protocolo não eram os únicos que tinham problemas. Os presidentes são protegidos por uma estrutura que funciona como as engrenagens de um relógio. Os homens passam, mas essas armações permanecem e foram feitas para ser respeitadas. Aquele que termina o mandato se livra delas, como se fosse uma camisa, e o que começa volta a usá-las. Fundamentam-se na importância do cargo, na necessidade de cuidar da segurança pessoal e no respeito e no cuidado com a instituição. Mujica resolveu desarmar todas essas engrenagens e deixá-las, durante cinco anos, desordenadas e espalhadas pelo chão. Nada funcionava como sempre. Nem Anchorena, nem a Torre Executiva, nem a segurança, nem o transporte, nem a comunicação, nem nada.

Mujica não permitia que lhe abrissem as portas dos lugares aonde ia ou do automóvel que o transportava. Seus motoristas evitavam as formalidades temendo os resmungos. Tampouco circulava pela cidade em um carro identificado como o do presidente. E sempre se sentava no banco dianteiro ao lado do motorista. Isso quando não lhe ocorria dirigir seu próprio Fusca azul por Montevidéu. E às vezes nem sequer avisava à segurança de suas saídas.

Em uma manhã do inverno de 2012, nos chamou para encontrá-lo em uma das estradas próximas de sua casa. "Vou esperá-los na subida", disse. Chegamos cinco minutos antes da hora marcada e vimos ao longe o Fusca estacionado ao lado da estrada. Parecia abandonado, mas, quando paramos à sua esquerda, Mujica ergueu o corpo, desceu a janela e assomou a cabeça. "Vamos à casa de um amigo que fica a quatro quadras daqui", nos informou, e o seguimos. Descemos diante de um galpão e, depois de o presidente ter pedido permissão aos donos da casa, passamos uma hora conversando sobre questões de seu governo. Havia pedido a um ministro que renunciasse e queria nos explicitar suas razões. Seu telefone celular tocou quatro vezes. Na quarta, atendeu e gritou: "Já vou. Deixem-me um pouco em paz!". Era sua guarda pessoal que estava tentando localizá-lo. "Caguei pra eles. Deixo-os loucos", comentou, com um sorriso. No entanto, às vezes se preocupava com aqueles que faziam essas tarefas.

> Quando circulo no carro oficial, não deixo que abram a porta do carro para mim e nunca me sento atrás. Se vierem nos dar um tiro, não quero que atirem só no motorista. Você tem de participar com ele. Ando em um automóvel da Presidência, mas com uma chapa vagabunda que encontraram por aí, em alguma lixeira. Os milicos já sabem qual é a chapa e tchau. O que quero é passar despercebido na rua. Não gosto de armar escândalo. Toda essa parafernália ao redor do presidente, que a enfiem no cu. Não combina comigo.

Há em Montevidéu um casarão antigo e luxuoso que ocupa duas quadras, situado no bairro residencial Prado, destinado à residência do presidente. Até a chegada de Tabaré Vázquez ao poder, os quatro mandatários anteriores a haviam ocupado. Vázquez optou por viver em sua casa, também no Prado, e usou a mansão presidencial das ruas Suárez e Reys como escritório. Mujica fez a mesma coisa. Ou quase.

Preferiu usar sua chácara da periferia de Montevidéu como segundo escritório. Foram poucas as vezes que se trasladou à residência presidencial de Suárez e jamais dormiu ali. Figurões e governantes estrangeiros, ministros de seu gabinete, jornalistas uruguaios e estrangeiros, parlamentares, todos eles passaram em algum momento por sua casa. Nós também. Dezenas de vezes. Em algumas, ficamos conversando ao redor da mesa da cozinha, onde ele passa grande parte do dia; em outras, no pequeno *living*, ao lado do fogo. Mas a maioria dos encontros aconteceu do lado de fora, no meio das árvores, onde mandou colocar uma imensa mesa de madeira com seu nome marcado a fogo, presente de um amigo paraguaio, que usa para receber amigos e fazer reuniões.

Em uma noite quente de um domingo de novembro, nos esperou sentado na beira do poço que fica diante da porta. Havia saído para desfrutar o frescor primaveril. Como quase sempre quando estava em casa, usava uma roupa bastante informal e não havia colocado os dentes postiços. Recebeu-nos com um copo de uísque para cada um. Sentamos à beira do poço e ficamos conversando ao longo de mais de uma hora. Caracóis circulavam com certa dificuldade entre a gente. No meio da conversa, apoiou o copo na borda. Quando voltou a pegá-lo, se deu conta de que um caracol flutuava no meio do líquido âmbar e das pedras de gelo. Segurou-o pela carapaça, atirou-o bem longe e continuou bebendo como se nada tivesse acontecido. Não fez nenhuma piada. Nós tampouco, porque ele era o anfitrião.

Jamais teve empregados domésticos. Nem para limpar, nem para cozinhar. Tampouco permitia que cozinhassem para ele em Anchorena, a não ser quando recebia convidados. E isso se percebia na chácara de Rincón del Cerro cada vez que sua esposa viajava ao exterior ou ao interior do país. Ele limpava, mas só o básico. Quem cozinhava era Lucía, embora Mujica se encarregasse de algumas tarefas, como preparar a comida da cadela.

> Saber cozinhar bem é saber cozinhar com o que há. Em Anchorena eu e a velha cozinhamos e lavamos a louça e limpamos tudo. É um problema de cabeça. Não quero ter empregados para fazer minha comida e limpar. As pessoas designadas para trabalhar com o presidente tiveram muita dificuldade para entender isso quando eu cheguei. Antes cozinhavam para toda a família presidencial. Agora só cozinham quando temos convidados.
>
> Faço alguma coisa na cozinha, como molho de tomate, mas cozinho especialmente para Manuela. Ela come carne picada frita, com cebola. Se você não lhe der isso, te olha como se dissesse: "O que está me dando, idiota?!" Ela me tem na mão. Faz o que quer comigo. Às vezes me levanto de madrugada e a primeira coisa que faço é preparar sua comida.

Mujica também não respeitava, como presidente, as rotinas que lhe foram sugeridas para cuidar de sua segurança pessoal. Nunca o fez. Movimentava-se com pouca gente ao redor. Almoçava em vários bares de Montevidéu só em companhia de seu chofer, Daniel Carabajal, ou, em algumas ocasiões, com membros do governo.

Sempre esteve ao alcance de uma fotografia, de um abraço, de uma mão ou de um golpe. "Não é necessário ter muito cuidado porque, se quiserem atingi-lo, vão atingi-lo", dizia. "Se aprendi alguma coisa com os tupamaros, foi que, por mais segurança que tenha, você nunca está seguro."

— Você anda armado? — lhe perguntamos quando já era presidente.

— Sim, tenho em minha casa mais de uma arma e às vezes, quando é necessário, porque vou caminhar sozinho, saio armado — nos confessou. — Poderão tentar me eliminar, mas certamente levarei algum comigo.

Sempre viajou ao exterior com pelo menos uma pessoa encarregada da segurança e do revólver. As delegações que o acompanhavam em suas missões a outros países eram pequenas e, muitas vezes, o adjunto militar tinha a responsabilidade de fazer o papel de segurança do presidente e de carregar uma arma. Quase todos tinham dupla função. Sua médica pessoal, Raquel Pannone, fazia, por exemplo, os papéis de secretária e de fotógrafa, tirando centenas de fotos pedidas por jornalistas e diplomatas de outros países e também por transeuntes surpresos.

Viajou aos lugares mais próximos em dois pequenos aviões da Força Aérea Uruguaia com mais de quarenta anos, com capacidade para transportar menos de trinta pessoas. Aviões movidos a hélice que, quando ficavam estacionados nos aeroportos durante os grandes encontros internacionais, denotavam enorme contraste. "É o que há, meu caro", dizia.

Mujica não conseguia ficar em pé em seus banheiros. Urinar era uma verdadeira odisseia. Os aviões balançavam como se fossem de brinquedo, e o espaço entre as poltronas era muito pequeno até para comer. Além disso, as viagens eram intermináveis devido à velocidade média dos aviões. Mujica ficava descalço e caminhava pelo estreito corredor, ou levantava os pés e os apoiava no assento dianteiro.

A presidente argentina Cristina Kirchner levou-o em seu avião ao velório de Hugo Chávez. Mujica não conseguia acreditar. "Havia até um salão de beleza lá dentro", nos contou depois. Cama de casal, um guarda-roupa enorme, banheiro com ducha, *living*, tudo. "Esse sim é um país sério", ironizou.

Fazia as viagens longas em aviões de carreira. Tentava evitar as esperas e conexões, mas nem sempre conseguia. Ocupava alguns assentos da primeira classe mas, no meio da viagem, se entediava e caminhava pela classe econômica. Os passageiros o olhavam, espantados. Tiravam fotos, abraçavam-no, comentavam.

Fora do país não mudava seu estilo, avesso ao protocolo e às formalidades. Mantinha os mesmo hábitos, e isso chamava a atenção de seus anfitriões. Assim circulou pelos principais ambientes internacionais e nunca passou despercebido. O diferente vende, e ele soube isso desde sempre. No Uruguai já era reincidente e não surpreendia, mas o mundo o estava conhecendo.

Visitando a Suécia, provocou uma operação de magnitude cinematográfica no Palácio Real depois de esquecer, em cima da mesa do salão principal, um presente para o rei. Mujica teve uma breve reunião com os monarcas e se retirou da antiga mansão sem se lembrar de que deveria entregar o presente. Uma informalidade típica dele, mas que mobilizou o grupo antibombas do país. Enviaram dezenas de policiais e especialistas, fecharam o perímetro do palácio e entraram com robôs, encarregados de manipular e abrir o estranho pacote. A tensão terminou em risadas, quando descobriram que o que estava escondido era uma pedra de ametista com o nome do Uruguai gravado.

Em outro palácio real, o da Bélgica, mostrou sua faceta mais rebelde. Estava sendo esperado pelos encarregados do protocolo, enfileirados ao lado da porta. Na chegada, os ministros se adiantaram alguns passos. "Sabemos que seu presidente não usa gravata, mas aqui ela é necessária para poder entrar, por isso nos atrevemos a esperá-lo com uma de presente", anunciou uma funcionária do cerimonial.

"Avisem que não vou entrar! Vamos embora, rapazes!", gritou Mujica, que ouvia, a alguns metros de distância, e virou seu corpo na direção oposta à entrada. Tiveram de convencê-lo a não suspender a reunião. "Está bem, mas não vou colocar gravata nem a pau", insistiu, para surpresa dos funcionários belgas.

Também era diferente na intimidade dessas viagens. Quando voou para a China em 2013, por exemplo, lhe destinaram uma casa reservada aos chefes de Estado, muito luxuosa. O dormitório tinha mais de trinta metros quadrados e um banheiro enorme, com uma jacuzzi. Nessa ocasião, quem viajou com ele, no papel de segurança, foi Turco Hernández. Quando chegou à casa de Pequim, organizou a roupa de Mujica, pendurou os ternos do presidente e depois tomou um banho de imersão. Quando estava indo dormir no quarto contíguo, teve uma surpresa.

— Pare, pare. Merda, aonde está indo?

— Vou dormir. Tenho um quarto preparado aqui ao lado.

— Ah, sim. Que bom. Na minha cama cabem oitenta pessoas, e por isso você vai dormir comigo. A cama deve ter um lindo colchão, que certamente suportará nós dois.

Turco não foi o único a compartilhar um quarto com o presidente; também o fizeram Flaco Haller e Daniel Carabajal, que viajaram a outros países nas mesmas circunstâncias. Dormiram ao seu lado, ouviram seus roncos e suas repetidas caminhadas noturnas ao banheiro, mas não houve forma de mantê-lo sob controle.

Em 2013, em uma viagem a Madri, levantou-se às três e meia da manhã na casa do embaixador uruguaio e resolveu fazer um pouco de ginástica. Vinha da China e estava com os horários totalmente alterados. No subsolo da residência há um espaço com sauna, aparelhos de ginástica e uma bicicleta ergométrica. Turco levantou-se no meio dos sonhos e o seguiu, e também o embaixador uruguaio na Espanha, Francisco Bustillo, que estava revisando a agenda do dia seguinte. "Deixem-me sozinhoooo! Parecem milicos, tenho que lhes dar ordens!", gritou Mujica da bicicleta. Em meia hora subiu para se deitar de novo, muito mais relaxado.

Tampouco dava muita atenção às suas roupas no exterior. Raramente combinava o paletó com a camisa e a calça. Nos momentos de lazer, vestia roupa esportiva, e era vestido assim que recebia a imprensa. Mais de uma vez mandou seus assessores que lhe pediam que trocasse um moletom ou uma camisa irem "cagar". Quando seu amigo da oposição, Guapo Larrañaga, lhe pediu que pelo menos em suas viagens não usasse um espantoso paletó quadriculado que havia usado em seus três primeiros anos de governo, Mujica respondeu: "Me agradeça por usá-lo." Andava assim, essa era sua marca. Quanto mais diferente de todos os que o haviam antecedido e do que faziam seus colegas de outros países, melhor. Soube fazer disso um culto.

> Às vezes se produz um apartheid entre a sociedade e os governantes. A forma de viver parece uma besteira, mas não é. Por aí também vem o descrédito dos políticos. As pessoas acham que aqueles que chegam a ser presidentes são sempre iguais, e acaba havendo uma descrença brutal na política. É um problema sério, e por isso trato de combatê-lo. Atenção, eu tenho uma maneira de ser, mas não reprovo ninguém que não viva como eu. Tenho amigos que têm pilhas de dinheiro e aprecio-os muito. Tampouco quero impor minha forma de viver aos outros. Mas a política acaba afastando você das pessoas comuns. Votarão ou não votarão em mim, mas a maioria das pessoas das ruas me respeita e gosta de mim. Isso porque não esfrego a Presidência em sua fuças.
>
> O que sempre digo é o seguinte: "Trate de viver como pensa porque senão pensará como vive." Isso sempre se aplica. A quantidade de discursos que as pessoas armam para se justificar é incrível. Com a bobagem do poder e a puta que pariu tudo se justifica, e você acaba em uma casinha de marfim

> cercado por uma corte de alcaguetes que a única coisa que faz é lamber o figurão, o poderoso. É uma coisa perigosíssima. Temos visto isso por todos os lados.

Talvez por isso tenha se distanciado dos presidentes que o antecederam no Uruguai. Sentia-se um *sapo de outro poço* e raramente participava de atividades com eles. "Não sou do clube", dizia e atribuía isso a "uma questão de classes" sociais. Para ele, não ser maçom, não ser profissional universitário e ser ex-presidiário não é um empecilho para chegar a presidente, mas sim para integrar o *grupo dos ex*.

> Sou um irreverente nato. Me junto com os ex-presidentes e não me sinto de nenhuma maneira em sintonia. Me olham de uma forma estranha. Eles sabem que não pertenço a esse mundo. Não pertenço agora nem vou pertencer nunca. Sou uma exceção à regra.

Sim, uma exceção, mas planejada e com uma justificativa: desmistificar o poder. O objetivo de Mujica sempre foi o de transformar o presidente em mais um cidadão. Por isso tentou eliminar a distância entre o chefe de Estado e a vida cotidiana de sua cidade e de seu país. E foi assim que ficou famoso no mundo. Defendendo a sobriedade e a República.

> A história da República é a da luta pela liberdade; depois começou, há muito pouco tempo na história da humanidade, a etapa da submissão. Como a República surge com o marco do capitalismo, trata-se da luta pela liberdade, pela igualdade de oportunidades, mas tendo o egoísmo como motor. É para extirpar os reis e os proprietários. Mas, no conceito de República, nos enfiam a contragosto temas da sociedade de classes que não têm nada a ver com o republicano. A definição dos

republicanos é que ninguém é mais do que ninguém. Até agora, os presidentes se domesticaram e aceitaram esse contrabando feudal que vem da monarquia. Por isso aceitaram toda a parafernália feudal que se armava ao redor deles. As reuniões sociais, o tapete vermelho, as bajulações, nada disso é a República. República é igualdade e a decidem as maiorias, às quais nós devemos de corpo e alma. Os governantes devem viver com sobriedade, como a imensa maioria do povo que os elegeu. O presidente é um cidadão como outro qualquer. Para tirar a merda da minha casa preciso que venha o pedreiro e coloque a privada. Eu não sou diferente do encanador ou do pedreiro. Que merda! Não vou conseguir nada com isso, mas não vão me domesticar.

E não são questões oportunistas, são coisas superpensadas. Pensei muito nisso e acho que essa será uma das minhas principais heranças. O presidente é um velho que vai morrer de um ataque no meio do campo como qualquer outro e as pessoas precisam perceber isso.

Esse tema sempre foi recorrente em nossas conversas com Mujica. Toda semana surgia uma notícia sobre sua forma incomum de exercer o poder e ele a justificava contrastando monarquia e república. Os ex-presidentes uruguaios contemplavam em silêncio suas saídas do roteiro. Em privado, alguns as relativizavam. “É casca. Não tem nenhum conteúdo. Não se acerta nem se muda nada com isto”, nos disse reservadamente um deles. Confirmou, também, que Mujica é visto como “o diferente”. É visto assim por Julio María Sanguinetti e Jorge Batlle, do Partido Colorado, Luis Alberto Lacalle, do Partido Nacional, e também por seu companheiro Tabaré Vázquez, da Frente Ampla.

Mais além disso, Mujica conversava frequentemente com Lacalle, Sanguinetti e Vázquez durante seu mandato. Ouviu conselhos de todos, mas não seguiu quase nenhum. O mais próximo dele, por motivos óbvios, foi

Vázquez. Mas também um dos mais diferentes. "Comporta-se como um monarca", dizia Mujica, diante das reclamações de Vázquez, mas esse é um capítulo à parte.

> O senhor é o presidente e acha que faz parte de uma categoria superior. Um conde, um marquês, um monarca. Não fooodaaaaa! Para mim isso é terrível.

"Manter a distância", foi o que lhe recomendou Lacalle nos primeiros dias. "O presidente precisa criar uma aura de mistério ao seu redor", lhe disse. Também sugeriu que dispusesse de um aposento para "guardar todos os presentes".

"Nem lhe dei bola", nos confessou Mujica. Isso não quer dizer que não o ouvisse. Considera Lacalle um "sujeito obscuro, ardiloso", mas um grande político, que sempre tem algo a ensinar.

Não conversou muito com Batlle durante os anos em que ocupou a Presidência. Algumas conversas telefônicas sobre assuntos menores e poucos encontros insignificantes. Irônico, se levarmos em conta que ambos compartilham um estilo descontraído, uma língua muito comprida e ideias extravagantes.

Respeita Sanguinetti, e também o ouve. Recebia frequentemente telefonemas dele. Eram, quase sempre, recomendações relacionadas a assuntos internacionais, embora também tenha-o aconselhado a fazer a sesta. Mujica tomava nota e alguma sugestão sempre terminava em ação. Embora, publicamente, o tenha questionado com dureza e o acusado de destruir os valores mais importantes da sociedade uruguaia, no cara a cara nada disso acontecia.

> É um perito, um encantador de serpentes. Comigo se comporta muito bem. Jamais tenta discutir. É muito amável. Terminou sua partida e já está de volta em uma quantidade de coisas. Mas compartilha com Lacalle aquela coisa dos presen-

> tes, do mistério e da liturgia. Tem até guardados na garagem quadros que lhe deram de presente quando era presidente. Nós ficamos com muito pouca coisa. Voltei a dar de presente a maioria dos presentes.
>
> Todos eles se amoldam aos cargos. Poderão dizer que eu sou um velho idiota, mas não entenderam o que está acontecendo. Muitas vezes me parece que reduzem o pensamento a preto ou branco.

É verdade que Mujica nunca se amoldou ao cargo, e talvez esse tenha sido um de seus principais problemas. E também uma de suas virtudes. Um presidente tem de ser e parecer presidente, dizem. Ele foi presidente em todos os momentos. Nunca deixou de se ocupar de suas tarefas. Mas quase nunca pareceu presidente. Isso lhe deu projeção e credibilidade. E também trouxe problemas, para ele e seus assessores. Não é fácil definir a agenda de um presidente que parece não o ser. Tampouco é possível controlar o conteúdo de seus discursos nem seus silêncios. Aquilo que provocou admiração para alguns significou desconfiança para outros.

> Continuo indo aos bares do meu bairro, e meus amigos são os mesmos de sempre. A maioria das pessoas me chama de "Pepe", nem sequer de presidente. E me tratam por você. Sorte. Não quero saber dessa coisa de senhor presidente. Alguns dizem que isso não ajuda, mas que vão cagar. Sou assim. Se não confiam em mim, eu os entendo.

A irreverência e o desconforto com tradições e formalidades têm uma origem pouco conhecida: o anarquismo. Mujica é, em essência, um anarquista convicto. Depois de anos de convivência, de lidar com ele e de estudar suas ideias, não cabem dúvidas a respeito. Um anarquista com poder. Uma contradição difícil de entender, mas verdadeira. Um presidente que vive o poder com certa culpa e que questiona alguns de seus mecanismos, mas que adora exercê-lo. Um paradoxo andante que gera desordem e até se diverte fazendo isso.

Assim como evita, sempre que pode, as cerimônias, tampouco se sente à vontade com a Constituição e as leis. Em certos casos, acha que são meras formalidades, por mais que tenha consciência de que elas regulam seu trabalho político. Jamais, como presidente, teve a ideia de eliminá-las, mas às vezes optou por relativizar sua importância.

Para Mujica, o conceito de que os aspectos políticos estão acima dos jurídicos tem uma explicação fundamentada. Não é um simples capricho nem desprezo pelo estado de direito e pela democracia. Mujica acredita que a democracia é, como dizia Winston Churchill, "a pior forma de governo, exceto todas as outras que foram tentadas".

Argumenta com muita convicção que a Constituição e as leis são convenções sociais surgidas da política e que não merecem um respeito absoluto. Sempre lembra que durante seu mandato os advogados lhe diziam: "O senhor, presidente, nos diga primeiro o que quer, e depois nós procuraremos as leis que o justifiquem. Tudo se acomoda." Ainda brinca com isso. Não sente muita simpatia pelos advogados que trabalham para o poder. Acha que são serviçais ao governante da vez. Por isso acredita que o político esteve acima do jurídico ao longo de toda a história da humanidade e também agora. Os homens sempre criaram e adaptaram as leis de acordo com sua subjetividade.

> O advogado ouve o que você lhe pede e depois ajeita as leis de acordo com isso. Sempre estará a favor do cliente. Sempre foi assim. O direito positivo surgiu para justificar aquilo que os governantes da vez queriam. O estado de direito é ótimo, porque a opção seria a monarquia e que o rei fizesse o que bem entendesse. Mas uma grande questão é a da necessidade de conferir ao estado de direito um pouco mais de senso comum. Não venham me dizer que ele é perfeito, inquestionável e está acima de tudo, porque isso é mentira. E é mentira porque é

> interpretado por homens que têm opinião, subjetividade e que não podem ter consciência de que pertencem a uma classe.

É evidente que tal pensamento tem suas consequências, provoca reações, tanto da oposição, que nunca o perdoou por ter justificado atos políticos passando por cima dos aspectos jurídicos, como do Poder Judiciário, que declarou inconstitucionais algumas de suas leis importantes. A Suprema Corte de Justiça derrubou três normas centrais do governo de Mujica, especialmente o imposto que deveria ser pago pelos proprietários de mais de 2.000 hectares de terra.

> Não sou jurista. O grande problema é que os advogados me levam para um lado e para outro. São capazes de convencê-lo de qualquer coisa. É brutal. Depois me trancam na Suprema Corte e eles argumentam para o outro lado. Agora, as travas são sempre jurídicas. O problema é que não se faz curso de presidente. Não existe. O Uruguai conseguiu estabelecer um sistema jurídico brutalmente preventivo. Nós temos uma democracia preventiva quanto a pensar em todas as variedades das deformações humanas. Por isso não é possível fazer nada. Há uma dificuldade para fazer qualquer coisa que não tem tamanho! Sempre há a Constituição ou alguma lei para impedir.

No final de seu mandato, Mujica teve um incidente com os juízes que acabou justificando sua irritação com a Justiça. Foi por uma questão de dinheiro, dessas que sempre o aborreceram. Os magistrados exigiram um aumento salarial semelhante ao dos ministros do Poder Executivo. E o governo lhes negou. Como no Uruguai o salário dos juízes está atrelado ao dos secretários de Estado, a decisão final foi tomada pelos tribunais. O presidente estava indignado e se sentia sozinho. A solidão da *ovelha negra*.

> Estou desencantado com a Justiça. Ali a luta de classes também se manifesta. A Justiça não é comparável no sentido de que decide o que lhe pedem ou pelo fato de que lhe pagam. Mas defende o dela, e às vezes isso tem pouco de justiça. Há falhas humanas importantes. E, para piorar, os juízes são os únicos que dão o passe e vão cabecear para seus próprios bolsos. Mas você não pode entregar a Justiça ao Poder Executivo. A humanidade já sofreu muito por isso.
>
> Agora, não me venham com história da velha vendada e tudo isso como símbolo da Justiça. Ela está com os olhos bem abertos e a sensibilidade no bolso. Onde já se viu 400 juízes reclamarem de seus salários e assumirem os papéis de julgador e julgado? Isso me mata. Vejo que ninguém se preocupa com o geral. Em todos os âmbitos existe a mediocridade, e isso é difícil. São as pessoas que têm que sentenciar pelo país. Mantiveram instituições que são insustentáveis e depois vêm me dizer que a lei deve prevalecer. Nem eles acreditam nisso.

O passado de Mujica também tem muito a ver com tudo isto. É compreensível que uma pessoa que passou mais de dez anos sonhando com um colchão e uma privada não dê importância a formalidades. Que alguém que dependia de outra pessoa para ver o céu ou abrir uma porta prefira agora que ninguém faça essas tarefas por ele. Que um ex-presidiário que passou a parte mais produtiva de sua vida trancado em um minúsculo calabouço, sem julgamento prévio, não tenha muita confiança nas leis e na justiça.

Percebeu, quando era tupamaro e vivia na clandestinidade, que as convenções existem para serem dribladas e que as pessoas mandam muito mais do que os negociadores preestabelecidos. Certa vez, ao falar sobre sua forma de ser tão politicamente incorreta, recordou um caso da época da guerrilha que certamente esteve muito presente em seus pensamentos, pelo menos durante os primeiros anos de reclusão. Ali também foram se forjando as fronteiras difusas do que viria depois.

Aqui sempre se negociou por baixo da mesa, por isso não me venham com formalidades. Vou lhes contar uma história que me serviu para entender como são as coisas. Lá pelo começo dos anos 1970, me reuni com Sendic e com Ñato, que estavam presos; eu estava do lado de fora, solto. A idiossincrasia do Uruguai serviu muito para isso. Cheguei a ter uma reunião dentro do Batalhão Florida quando estava na clandestinidade. E Sendic também, quando ainda não havia sido preso. Certa vez, Sendic entrou no Florida, negociou e foi embora. E os milicos cumpriam a palavra. Vá explicar essas coisas no exterior.

No meio dos milicos negociando estava Armando Méndez e alguns capitães. Mas um dia alguém contou aos chefes, e aí tudo se acabou. Os milicos foram ferrados pelos políticos. Havíamos avançado bastante na negociação. Eu negociava de fora. Havia um monte de eucaliptos ao lado do Batalhão 13, e eu dormia naquele monte. Tudo isso foi depois da fuga que ficou conhecida como O Abuso, a de Punta Carretas. À noite, fizemos uma espécie de reunião no monte. Ali dissemos que aceitaríamos a rendição desde que eles se comprometessem a nacionalizar algumas fazendas, onde iríamos trabalhar. Era uma proposta do Bebe. Os negociadores foram mandados à merda pelos milicos mais graduados e pelos políticos. Afastaram Legnani, que era quem estava à frente do Batalhão Florida. O general Esteban Cristi foi quem acabou com tudo.

O Bebe dizia que uma derrota, se conseguíssemos aquilo, seria muito boa. Era um bom negociador. Aprendi muito com ele. Uma das propostas dos milicos era que Bebe fingisse uma derrota espetacular, e ele mandou que fossem cagar. Nós dizíamos a ele que tinha que sair do país. Queríamos preservá-lo porque era uma espécie de símbolo. Passamos por todas essas coisas, e elas explicam muito do que acontece hoje. Mas não podíamos

> imaginar o que viria depois. Eu andava de bicicleta carregando um saco de dormir de náilon e me deitava em qualquer lugar, exposto à intempérie. Vestia um macacão de pedreiro.

Com o passar dos anos, aumentaram as responsabilidades, embora os lugares e a dinâmica não tenham mudado muito. Mesmo quando era presidente Mujica sempre andou por todos os lugares, sem avisar nem pedir permissão. Sua filosofia era, também uma lição do passado, não repetir todos os dias a mesma rotina. Mas mais nada. Depois, se expor o máximo possível às pessoas.

Muitas das conversas que tivemos com ele quando era presidente aconteceram em uma de nossas casas, no bairro central de Parque Rodó. Chegava por volta das oito da noite e ficava até de madrugada. Falávamos de tudo, sem agenda. Relaxava no meio de garrafas de vinho, alguns cigarros e comida. Especialmente doces. O chajá e o massini, duas sobremesas típicas uruguaias, são sua perdição. Mas também gosta de comidas caseiras, que sempre provocam anedotas suculentas sobre seu passado.

Visitou-nos mais de dez vezes. O mecanismo era muito simples. Seu motorista tocava a campainha e depois ele descia do carro. Às vezes cruzava com alguém no edifício, que ficava surpreso, e Mujica fazia alguma brincadeira para relaxar. Lá fora seus seguranças ficavam esperando durante horas. Eram quatro indivíduos à paisana dentro de um carro estacionado na esquina. Em mais de uma ocasião os vizinhos chamaram a polícia porque os achavam suspeitos.

O presidente gostava da intimidade e da confiança. Por trás do personagem midiático e do mito, desenhava-se a mesma pessoa de sempre, com os mesmos interesses e reflexões muito mais depuradas. Um ser autêntico. Uma pessoa inteligente, uma *ovelha negra* que faz pensar, que provoca.

Faltando pouco menos de um ano para o final de seu mandato, lhe perguntamos se havia mudado sua concepção do poder depois de ser presidente. Refletiu durante alguns segundos antes de responder. Levara a pergunta a sério.

> Na Presidência, a percepção do poder é mais ou menos a mesma. Eu não sou um jovem ingênuo e tenho claro como essas coisas são conduzidas. Por algum motivo cheguei. Mas se multiplicam alguns assuntos fodidos. A miséria humana, a vaidade e o afã estúpido de poder. De que poder você está falando? Às vezes você não sabe por que brigam. E os ciúmes também são um problema. Mas o poder também mostra as pessoas tal como elas são.

Insistiu nesse tema. Falamos de Lacalle. Contamos que certa vez nos dissera que há duas espécies de políticos: os herbívoros e os carnívoros. Lacalle diz que aqueles que chegam aos postos mais importantes são carnívoros e que os herbívoros ficam pelo caminho. "Lacalle é muito inteligente. É uma definição muito correta", nos disse Mujica. "Está muito claro que gosto de carne, não?", sorriu com uma expressão pícara, dessas que são típicas dele.

Pegou seu casaco, bebeu o resto do vinho que havia em sua taça e se aproximou da porta. Depois de nos saudar, disse:

— Che, que presidente de merda vocês têm.

— Não parece ser o que pensa a maioria das pessoas. Nem aqui nem fora daqui.

— Está bem. Mas não sou um grande presidente.

— É presidente. Nem melhor nem pior. Diferente.

— A verdade é que às vezes me enche o saco ser presidente.

— Muito tarde, não? Você se meteu sozinho no baile.

— Sim, é verdade. Sou contraditório, mas a vida é contraditória. O que é verdade é que faço tudo com paixão. É uma questão de temperamento. Pobre daquele que vier depois de mim.

5. O anarquista

Uma pista de aterrissagem em um campo no meio da Mongólia. Um avião movido a hélice que desce e bate as rodas contra o verde, sacudindo os poucos passageiros a bordo. Um rapaz de pouco mais de vinte anos olha a paisagem pela janela. Uma recordação recente que se apodera outra vez de sua mente, até acabar de destruir o pouco que resta daquela ilusão.

O comunismo não é o caminho. Esta frase, do princípio dos anos 1960, meses depois da revolução cubana, lhe causava um certo desconforto. No entanto, não conseguia deixar de repeti-la em silêncio. Havia visitado Moscou e experimentado a luxuosa miséria. Num dos principais hotéis da capital soviética, quando se viu diante da ostentação do império prussiano, no meio de tapetes persas, escadas de mármore e candelabros de ouro, entendeu que aquilo estava destinado a fracassar.

O jovem consternado era Mujica, em uma viagem à União Soviética e à China na qualidade de representante da juventude do Partido Nacional uruguaio. Na época era branco. E diz que continua sendo do ponto de vista ideológico, mas então era dirigente partidário e trabalhava na secretaria do ministro da Indústria, Enrique Erro. Fora convidado a visitar os principais países comunistas da época e não hesitou nem um instante. Alguma coisa provocava sua curiosidade.

A viagem foi uma odisseia. "Parecia que estava viajando em uma diligência a cavalo", recorda hoje. Voou de Montevidéu a São Paulo, de São Paulo ao Rio de Janeiro, do Rio de Janeiro a Belém, de Belém a Madri, de Madri a Viena e de Viena a Moscou, onde ficou mais de um mês.

Em Moscou, visitou vários membros do governo soviético da época, encabeçado por Nikita Kruschev. Na China, conheceu Mao Tsé-Tung, já velho. Mao recebeu a delegação sul-americana em uma velha cabana cercada por um imenso parque. Mal conversaram. Tiraram uma fotografia e pouco mais. Mujica ficou impressionado com a quantidade de livros que havia por todos os lados. Anos depois, lendo as memórias de Henry Kissinger, Mujica se daria conta de que ali, naquela mesma casa, fora negociado o reatamento das relações bilaterais entre os Estados Unidos e a China comunista.

Mas o mais significativo dessa viagem foi a decepção com Moscou. Suas ideias já eram de esquerda e, com a experiência recente de Cuba, começara a sentir certa simpatia pelo comunismo. A visita à União Soviética foi uma espécie de pontapé no fígado.

Pensava em chegar ao país de Lenin, mas compreendeu que o personagem que representava melhor os russos era Ivan, o Terrível, o primeiro czar e o monarca que governou por mais tempo o império russo, na segunda metade do século XVI. Foi radical, perverso e violento. Esse personagem ajudou Mujica a entender os russos e a Rússia. Um país de extremistas, mais compatível com a máfia do que com uma sociedade sem classes.

Atualmente, diz que foi naquele momento que aconteceu a queda do comunismo em sua cabeça. Hoje em dia acredita que a coisa mais significativa que a vida lhe ensinou foi "a importância dos matizes, porque o branco e o preto não servem para nada". No presente, a sabedoria reside no "liberalismo sério", em aceitar aquele que pensa diferente. Em Moscou não havia nada disso. Os dissidentes, com sorte, iam parar na Sibéria.

Naquela ocasião, sentiu asco dos fanatismos. Teve consciência de que uma única teoria não é suficiente para interpretar a realidade. Voltou ao Uruguai e começou a ler freneticamente. Saiu do Partido Nacional, tornou-se tupamaro e guerrilheiro, mas distante da influência soviética. Misturou ideologias, não ficou com uma só. Aquela passagem pela Ásia na juventude lhe ensinou o que não devia ser feito, e por isso a recorda com carinho.

> Quando estive na União Soviética, os membros do partido viviam luxuosamente. Naquele momento, já se percebia que a democracia iria vencer, embora os comunistas não percebessem. Talvez eu, mais livre, visse o que eles não conseguiam ver. Você entrava nas fábricas e via as caras tristes dos operários, mas nem eles se davam conta. O problema é que a ideia do socialismo não pode se opor à liberdade. O liberalismo promete o que não dá, mas, como filosofia, é um degrau superior da humanidade. Algo que tente melhorar o homem não pode jogar isso fora, tem que se basear na liberdade. Nunca entenderam isso no bloco socialista e por isso perderam.

A leitura virou uma paixão do jovem daqueles anos. De tudo o que lia extraía ideias, e assim ia armando seu próprio coquetel. Debruçou-se mais sobre os anarquistas.

> O anarquismo respeita seriamente a liberdade. Por isso, entre todas as ideologias, é a que mais me interessa. Mas a liberdade humana não quer dizer ausência de responsabilidade nem ausência de limites. O limite é não foder o próximo. E se você se mata de trabalhar sem explorar o outro e consegue mais coisas, devo aplaudi-lo. Não se pode pensar em um igualitarismo construído a qualquer preço. Isso não existe. Igualar para baixo é uma estupidez e não leva a nada de positivo. É possível que isso seja a coisa mais injusta.

Naquela época, Mujica também se dedicou aos clássicos. Mergulhou nos gregos e também em Confúcio e em Nicolas Maquiavel. Lia mais de seis horas por dia. Passava manhãs e tardes inteiras entre a Biblioteca Nacional e a Faculdade de Humanidades de Montevidéu. Ia ampliando seu conhecimento e afastando-se cada vez mais da esquerda majoritária.

Um autor chamou especialmente sua atenção: Carl von Clausewitz e sua obra *Da guerra*. Foi sacudido. É um dos poucos livros daquela época que ainda conserva em sua casa. "É um dos sujeitos com quem mais aprendi de política", recorda hoje. "Era um general jovem que lutou contra Napoleão e foi o pai da escola prussiana. É uma espécie de Marx da guerra. É dele a definição clássica de que a guerra é a continuação da política por outros meios. É verdade: a guerra tem objetivos políticos."

Primeiro veio a teoria da guerra e depois Bebe Sendic. E os tupamaros, e a clandestinidade, e, de fato, a política por outros meios. Mujica aprendeu muito com Bebe, também do ponto de vista ideológico. Foi ele quem lhe recomendou Rosa Luxemburgo. Sendic a tinha como referência e publicou sua obra no Uruguai. Rosa Luxemburgo, a *ovelha negra* dos comunistas. A mulher, a irreverente, a polemista. Até hoje Mujica continua relendo seus livros, digerindo suas ideias, dando-lhe a razão com a História.

> Essa mulher era bruxa. Defendia a democracia. Brigava com a social-democracia e com Lenin. É uma questão de princípios, da luta pela liberdade para o desenvolvimento intelectual, dizia. Eu acredito nisso. Parece que ela estava prevendo o que aconteceria depois. Por volta de 1936 ou 37, Trotski disse que Rosa tinha razão. E Bebe teve de brigar com o Partido Socialista para publicá-la. Não queriam saber de nada.

Naquela época, Sendic foi o primeiro a dizer que o bloco socialista ruiria. Dizia isso na cara dos dirigentes comunistas russos, europeus e cubanos. Quarenta anos depois, Mujica repete isso a outras pessoas. Aprendeu tudo com Sendic.

> Um civil muito inteligente, de linguagem simples. No entanto, um intelectual rigoroso. Havia estado na Europa e se correspondia com comunistas de primeira linha. Prognosticou a queda do bloco socialista contra todos. Os cubanos não o perdoaram nunca porque disse isso a eles também... Jogava uma bomba dessas, mas não fundamentava muito os motivos.

Mujica chegou à Presidência afastado do discurso dos socialistas do século XXI, encabeçados por Chávez, e dos comunistas do século XX. Sentia apreço por eles, mas não comungava com suas práticas. Cuba era uma espécie de "velha namorada" da adolescência, mas achava que havia decaído com o passar dos anos. Tinha um pouco de pena daquele que fora o modelo de toda uma geração. Embora sempre tenha destacado a dignidade da ilha caribenha, não tem medo de falar de seu fracasso. Visitou duas vezes Cuba quando era presidente e até ajudou a procurar uma saída para a crise econômica que o país atravessava. Em uma de suas visitas, sentado em La Bodeguita del Medio, em pleno centro de Havana, disse a figurões do governo que o problema é que em Cuba "todos têm emprego" e que por isso ninguém arrisca nada. "Por mais merda que seja o capitalismo, é ele que ajuda a crescer", argumentou, bebendo mojitos.[1] Tentou convencê-los de que deviam buscar algo diferente porque nunca acreditou no modelo cubano.

Menos ainda no da Venezuela. Admira Chávez pelo fato de ter tirado muitos venezuelanos da pobreza. Mas, para ele, isso não é socialismo. Nem nada parecido. "É a forma mais longa de acabar parando no capitalismo", dizia a seu amigo Hugo, que respondia rindo. "Trata-se de acreditar ou não", lhe respondia Chávez. Mujica não acreditou, Chávez morreu poucos anos depois, e a Venezuela dá continuidade à sua duvidosa experiência.

No Uruguai, houve pouca coisa dessa corrente continental esquerdista. Mujica recorreu muito mais ao que haviam feito seus antecessores do

---

[1] Bebida feita com rum branco, suco de limão, hortelã, água com gás e gelo picado. (N.T.)

século XX. Além de Rosa Luxemburgo, de Winston Churchill e de tantos outros em nível internacional, recorreu a caudilhos históricos locais, como Luis Alberto de Herrera e José Batlle y Ordóñez. De todos eles pegou ferramentas para administrar melhor o Estado, embora sem deixar de defender o anarquismo.

— E dá-lhe anarquismo. É difícil ser anarquista e chefe de Estado ao mesmo tempo, não? Não se entende muito.

— É uma questão de momento, de tempo histórico. Eu sou anarquista crônico. A melhor reforma do Estado seria sua abolição. O problema está na humanidade na qual me coube viver, que não me permite viver sem o Estado. É uma expressão de nossas carências, embora 90% da história da humanidade tenha sido vivida sem Estado. O Estado é a demonstração da existência de classes na sociedade. Aparece quando surge o domínio de uns sobre outros. O governo se impôs e foi constituído quando nomeou o ministro da Defesa, o do Interior e o chanceler. Primeiro vem o garrote. E não o ministro da Economia ou o da Educação.

— O garrote lhe derrotou, então?

— Sim. Mas as repúblicas anarquistas morreram embaixo dos tanques, não morreram carcomidas como as soviéticas. Por isso ainda se mantêm acesas.

• • •

Atrás da poltrona de Mujica, em sua sala do décimo primeiro andar da Torre Executiva, chama a atenção uma fotografia de 50 por 50 centímetros, emoldurada por um porta-retratos preto de madeira. É a imagem de um ex-presidente, a única de seu gabinete, e ele não é de seu partido. O retrato às suas costas é de José Batlle y Ordóñez, o principal caudilho histórico do Partido Colorado.

Batlle y Ordóñez foi presidente em duas ocasiões, no começo do século XX (1903-1907 e 1911-1915), e impulsionou o Uruguai moderno. Encarregou-se de separar a Igreja do Estado, de promover leis sociais como a da jornada de trabalho de oito horas diárias e de encabeçar uma série de reformas liberais, das quais Mujica se orgulha.

As menções a Batlle eram frequentes quando Mujica tentava explicar questões centrais de sua administração. Durante todo o século XX, o batllismo herdado de dom Pepe foi absorvido pelo Partido Colorado, que governou durante noventa desses cem anos, mas, no século XXI, foi a Frente Ampla que abraçou muitas de suas bandeiras. E Mujica especialmente.

> O sujeito fez de tudo porque era muito audaz. É preciso ver o que escrevia e dizia. É preciso escrever deus com minúscula nesse momento. Dom Pepe foi o pai do Uruguai mais belo, do Uruguai moderno. Era mais louco do que eu. Batlle era muito anárquico, se cercava de anarquistas. E ainda por cima era presidente da República e vivia com uma mulher separada. A luta que deve ter travado! Mas bancou e se impôs. "De pé, Lenin morreu", escreveu. Que coragem cívica, puta que o pariu! Nem louco vou deixá-lo só para os colorados. Os grandes homens não pertencem a partidos, são patrimônio nacional, são um capital do país.

Uma casualidade da História: Mujica esteve à frente do Poder Executivo cem anos depois do segundo mandato presidencial de Batlle y Ordóñez. Uma casualidade que teve consequências na prática. A partir de 2012, Mujica passou a ser convidado pelo menos uma vez por mês para participar de comemorações de centenários de escolas, liceus, universidades e edifícios públicos de todo tipo. A repetição chamou sua atenção. Em uma dessas celebrações, em uma pequena escola do interior do país, lhe deram um livro antigo para assinar. Era a ata de inauguração daquela instituição de ensino, assinada por Batlle y Ordóñez. "Ali me dei conta da magnitude da obra de Batlle. Depois desse, fui a cerca de mais vinte centenários."

Mujica acredita que Batlle y Ordóñez interpretou da melhor maneira o Uruguai da sua época. Constatou que a burguesia uruguaia era muito débil, e por isso levou o Estado a se transformar em motor de economia e recebeu os imigrantes de braços abertos. Depois, em meados do século XX, apareceu o "segundo batllismo", através de seu sobrinho Luis Batlle Berres, e aí "tudo terminou em um clientelismo e uma burocracia que *mamma mia*!". Mas não se pode acusar o pai pelas ações de seus filhos e muito menos pelas de seus sobrinhos.

Também admira Batlle y Ordóñez como figura. Afirma que foi ele o responsável pela transformação do Uruguai, nos anos 1950, na *Suíça da América Latina*. Diz que o mérito deve ser atribuído ao batllismo, pelas ideias, e aos imigrantes, pelo incentivo ao trabalho e à vontade de construir. Para Batlle, os edifícios públicos tinham de ser os melhores. Assim surgiram, em Montevidéu, o Palácio Legislativo, as faculdades de Veterinária e Agronomia e depois o Hospital das Clínicas e o Estádio Centenário. O exemplo gerou ação.

No aspecto social, o Pepe atual se sente parente do Pepe do passado. Seu governo ficará na História por ter descriminalizado o aborto, habilitado o matrimônio entre homossexuais e regularizado a venda da maconha pelo Estado. Todas essas reformas são liberais e Mujica não hesita em compará-las às promovidas por Batlle y Ordóñez no começo do século passado.

> Houve aqui um liberalismo batllista que marcou o país. Objetivamente, foi o modelo. Fez o que fez em uma circunstância histórica e política favorável e foi auxiliado pela imigração e a situação econômica. Mas indicou o caminho. Nós também estamos fazendo reformas liberais desse tipo. O liberalismo e o anarquismo são primos-irmãos. Agora somos parecidos com o que fomos historicamente: um país de vanguarda. Era isso o que acontecia na época de Batlle. As mulheres começaram a votar e a estudar, o divórcio foi autorizado, o Estado começou a produzir álcool. Até se implementou a legalização da prostituição.

Mujica aponta Batlle y Ordóñez, do Partido Colorado, e Luis Alberto de Herrera,[2] do Partido Nacional, como referências dos partidos tradicionais uruguaios da primeira metade do século passado, muito diferentes, embora caudilhos. Também adotou de Herrera características que lhe foram muito úteis.

Ainda jovem, na revolução de 1904, Herrera enfrentou com armas o governo de Batlle y Ordóñez. Somou-se aos revolucionários brancos sob o comando de Aparicio Saravia.[3] Formou-se em um país dividido pela guerra. Anos depois, liderou o Partido Nacional com um estilo muito particular e chegou a presidir o Conselho de Governo, quando a Presidência era exercida por um colegiado. Marcou toda uma geração de políticos.

Mujica aprendeu duas coisas com Herrera e as aplica até os dias de hoje. A primeira refere-se às relações internacionais que o Uruguai deve ter. Herrera sempre defendeu a ideia de que era necessário ter excelentes vínculos com os países da América do Sul e se opôs a uma excessiva aproximação com os Estados Unidos.

> Sou profundamente herrerista quando se trata das relações internacionais. A primeira coisa que Herrera defendia era o Rio da Prata, e tinha razão. Por isso temos de nos acertar com a Argentina. A grana imobiliária, o Uruguai logístico, a classe média argentina em Colonia, tudo isso vem de lá. Vamos parar de nos foder!, já advertia Herrera. Era um velho conservador, mas, em matéria de política internacional, tinha muita clareza. Graças a ele não temos aqui uma base norte-americana. Os colorados estavam prestes a fazer acordos.

---

[2] Luis Alberto de Herrera nasceu em 1873 e faleceu 1959, aos 85 anos. Foi o principal líder do Partido Nacional ao longo de 50 anos e chegou a integrar, nos últimos anos de vida, o Conselho Nacional do Governo do Uruguai.

[3] Aparicio Saravia foi o caudilho do Partido Nacional no final do século XIX e início do XX. Liderou uma revolução contra o governo do Partido Colorado e faleceu em 1904, depois de uma batalha travada em Masoller, departamento de Rivera.

O segundo ensinamento que Herrera deixou para Mujica diz respeito à importância de percorrer constantemente o interior do país e conhecer caudilhos locais em todos os lugares. Herrera sempre apostou no Uruguai profundo, onde o Partido Nacional é maioria. E o fez com muito pragmatismo e ofício político.

Mujica também sente carinho pelo interior do Uruguai e, aos poucos, foi conquistando-o com seu discurso, até conseguir, pela primeira vez, nas eleições de 2014, ter a maioria dos votos de alguns povoados de poucos habitantes. Os prefeitos dos vários departamentos, especialmente os do Partido Nacional, mantinham um diálogo fluido com ele quando era presidente e lhe provaram sua lealdade de diversas maneiras. Assim, foram acordados o registro único de veículos em todo o território nacional e o imposto a ser pago pelos proprietários de grandes extensões de terra. Mais: chefes municipais brancos chegaram a entrar em contato com Mujica para saber como deviam responder aos líderes partidários que exigiam uma atitude mais opositora. Ele se reunia às escondidas com os prefeitos. Isso também era típico de Herrera: a negociação por baixo da mesa, o contato pessoal acima da institucionalidade.

Além disso, Mujica participou de homenagens a caudilhos mais recentes do Partido Nacional, como Wilson Ferrerira Aldunate. Aldunate foi um ícone da luta dos uruguaios contra a ditadura militar nos anos 1970, se embandeirou com essa causa, mas não o defende apenas por isso.

> Não me fodam dizendo que Wilson é unicamente branco! Ele é muito mais do que isso: é de todos os uruguaios. Perdeu todas as batalhas, mas a História demonstrou que tinha razão. Quando vivíamos na clandestinidade e estávamos em plena guerrilha, negociávamos com ele. Sempre se movimentou com muito senso pragmático. Era um sujeito audaz, não era um mequetrefe.

"Pragmático" é um conceito repetido por Mujica. Pragmatismo, matizes, ideologias tão distintas como o batllismo e o herrerismo, gosta de tudo isso.

A realidade, em síntese. Nesse ponto, também se assemelha a Herrera, de acordo com o historiador Gerardo Caetano. Alguns meses depois de Mujica ter assumido a Presidência, Caetano o definiu como herrerista em um programa da Rádio Oriental de Montevidéu.

"Além de muitas coisas, é muito herrerista, sempre foi. Ele não começou a vida política no herrerismo, mas seu estilo de fazer política é claramente herrerista. E tem aprofundado isso com o passar do tempo", opinou Caetano.

O que é fazer "política herrerista" para esse respeitado historiador uruguaio? "O herrerismo é pragmatismo. Herrera dizia isso até a exaustão e Mujica é pragmático. Mas, além disso, o estilo herrerista de fazer política é um estilo tático, não estratégico. É como esses jogadores que fazem uma finta pra cá e outra finta pra lá. Ou seja, vão construindo a partir da tática. E a estratégia é a soma de táticas com uma grande propensão para a negociação. Mujica acredita que a política é assim, como Herrera. Herrera, inclusive, era sempre questionado por isso, como Mujica. Era chamado de Gusano Louco porque ia de um lado a outro."

Lacalle, neto de Herrera, também acha que Mujica tem traços herreristas. Nunca simpatizou com ele, mas o respeita como político e mais ainda depois de ter perdido as eleições para ele.

Em 2009, durante uma entrevista à rádio El Espectador, Lacalle confessou: "O senador Mujica é um homem muito inteligente, muito vivo — porque às vezes não se é inteligente e vivo ao mesmo tempo —, e, além disso, leu muito, há um substrato intelectual no que diz, embora o vista habilmente com o jargão popular, coisa que é uma grande habilidade do ponto de vista político. Era o que fazia o doutor Herrera: quando queria simplificar um tema político, usava uma comparação crioula. Mas os dogmáticos (da Frente Ampla) não vão lhe dar muita corda." É o charme da *ovelha negra*.

"É preciso ler a História", repete Mujica. A recente e a mais distante. Para isso recorre a biografias, pesquisa acerca dos homens que passaram à posteridade. Da região e do mundo. As memórias de Trotsky e Churchill são uma presença frequente em suas reflexões. A água e o azeite, como ele gosta.

Também se dedicou a estudar o que foi feito por caudilhos do Uruguai e da Argentina no século XIX, o da independência latino-americana. De todos extrai elementos porque acredita que é pouco o que resta para inventar. Mudam os nomes e as circunstâncias, mas as alternativas são as mesmas e as decisões se repetem.

Sobre a História uruguaia, Mujica está convencido da importância do Rio da Prata e das províncias unidas, em oposição a Buenos Aires. José Artigas é sua principal referência da primeira metade do século XIX. O Artigas que queria que o território que hoje forma o Uruguai se unisse às províncias centrais da Argentina e à parte da Bolívia. O que lutou contra a hegemonia de Buenos Aires. O que começou como contrabandista e terminou liderando um movimento libertário. O que queria dar terras aos indígenas e aos pobres. Também leu sobre Juan Antonio Lavalleja ou Fructuoso Rivera, mas o líder que mais lhe interessa é Artigas. Artigas e a guerra dos portos que originou tudo. Buenos Aires e Montevidéu como os principais destinos do Rio da Prata. Essas são para Mujica a origem e a explicação da rivalidade que existe até hoje.

Entre os argentinos, seu personagem histórico favorito é Juan Manuel de Rosas. Respeita-o por ter sido federalista, por ter formado a nacionalidade argentina, por ter promovido a mistura de raças e a integração; enfim, por ter sido diferente.

> Juan Manuel de Rosas, que sabia muito de política, estava no deserto e escreveu à sua mulher, dona Encarnación, lhe dizendo para não se esquecer de cuidar das necessidades das mulatas e das negras. "Ajude-as e socorra-as em tudo o que puder porque logo verá de quanto é capaz a fidelidade dos humildes", disse. Essa é a essência do peronismo que veio depois. Perón estudou tudinho a respeito de Rosas e construiu seu poder ajudando as cabecinhas negras. Perón era muito esperto, mas Rosas foi o sujeito que marcou o caminho, um

fazendeiro, criador de gado do Rio da Prata que começou a plantar trigo porque queria ter muita gente na fazenda e não podia conseguir fazer isso com a pecuária. Com isso chegou a ter mil e tantas pessoas e formou um esquadrão, que era sua tropa pessoal. Aí começa sua carreira política. Havia um regulamento na fazenda: aquele que falhasse sofria sanções fortes e até açoites. Para mim, Rosas foi o forjador da nacionalidade argentina. Sem Rosas, a Argentina teria se dividido em cinco, seis ou sete países. Ele conseguiu manter o equilíbrio.

Há muitos personagens desses na história com os quais se pode aprender. Rosas era federalista, mas federalista de Buenos Aires, e no final também defendia o monopólio do porto de Buenos Aires. Artigas era argentino, mas do outro lado do Rio da Prata. A primeira declaração de independência do Uruguai dizia: "Orientais argentinos". Artigas é tão uruguaio como argentino. Essa é a verdade.

Quanto aos tempos mais longínquos, Mujica dá atenção aos pensadores gregos. Prefere-os da mesma forma que admira a ciência em geral, a filosofia e a antropologia em particular; os elege por terem sido membros do povo que melhor recorreu ao homem como objeto de estudo. É isso que atrai Mujica. O homem e a natureza. Aí está o que é mais semelhante à religião para este velho ateu anarquista.

Os homens que pensam de forma independente são os livres, e os que imaginam mais além dos pensamentos são os que constroem o futuro. Mujica aprendeu essa e outras premissas lendo os gregos, mas também os grandes homens do Renascimento italiano e os cientistas de vanguarda de todos os tempos.

O humanismo mais profundo vem pelo caminho da ciência. Em última instância, a filosofia é irmã da matemática e sem

> filosofia e sem ciência não há humanidade. Quando era jovem, eu não dava muita bola para a matemática, mas era fascinado pela biologia e a filosofia. Há alguns anos comecei a estudar geometria, e é uma coisa incrível. A outra é a estatística. Tive de aprendê-la de novo há poucos anos porque senão lhe acontecem coisas e você não entende um caralho. Me arrependo de não ter dado bola à matemática quando era jovem. O problema é que é ensinada por muitos idiotas e isso não ajuda um caralho. Matemática é voltar ao antigo, e aí está a fonte da sabedoria. Quantos matemáticos fizeram descobertas no quadro-negro e depois passaram quarenta anos para comprová-las?

Mujica flertou com as descobertas durante toda sua vida. Tentou e tenta em seus momentos de lazer intelectual chegar a algumas certezas. Essa é uma das características das pessoas inteligentes: procurar respostas. A outra, associada, é a frustração, a angústia. Mujica vive com angústia, mas trata de canalizá-la através da procura de conhecimento. Em relação a isso, as etapas mais produtivas de sua vida foram as que passou na prisão, porque ali sobrava tempo.

— Certa vez me perguntei, lendo nos calabouços, o que é o homem. Ali sim tinha tempo para pensar em todas essas coisas. Se você, como eu, se define como socialista do ponto de vista científico, então que caralho é o homem? Me fiz essa pergunta chave quando estava no quartel de Paso de los Toros. Quais são os componentes do disco rígido do homem? O que recebemos como influência da cultura e do meio ambiente? Veio daí minha paixão pela antropologia. Então me lembrei de Renzo Pi, de Daniel Vidart e de todos esses amigos e fui visitá-los quando saí da prisão.

— Por mais antropólogo que você seja, não parece haver uma resposta única para isso.

— Depois de muita leitura e conversa, cheguei a algumas conclusões. O homem é um animal gregário, social. Vive em sociedade. Não consegue viver na solidão. O homem passou 90% de sua história em grupos, em cima da terra. Desse ponto de vista, pode-se concluir que o homem é um animal socialista.

— Bastante utópico e pouco realista, levando em conta o que acontece hoje.

— Está bem. Mas a história recente não passa de uma página. O mais difícil é que o homem seja chefe de si mesmo, mas pode-se conseguir. Na campanha eleitoral, falei dos Kung Sang, um povo indígena africano que desconhece a propriedade privada e trabalha poucas horas por dia. Fui criticado, mas estava falando disso. Recorrendo a um exemplo extremo, queria mostrar que o homem pode viver de outra forma.

— Os Kung Sang vivem isolados no meio da África. Também há comunidades perdidas de budistas vegetarianos, hippies e até de amigos dos discos voadores...

— A história do homem é mais longa do que acontece hoje. O que foi que o tornou individualista e capitalista? O que veio depois, nos últimos séculos. Os avanços tecnológicos, a vontade de conhecer mais, de querer colonizar. Por isso o homem é uma criatura que vive em certa contradição. A história o fez de uma maneira e seu presente é outro. É socialista por natureza e egoísta e ambicioso devido ao seu tempo. Essa é a angústia do homem moderno.

— E de quem é a culpa? Por acaso não é do homem? Tudo isso não será parte da evolução natural?

— O homem viveu com valores distintos e sobre a base de outra organização durante 90% de sua história. Realmente, acredito que ele é essencialmente gregário e socializante, mas tirando disso a poesia. O socialismo não é uma panaceia. É um caminho para tentarmos ser melhores conscientemente. Não é o fim dos problemas nem o equivalente ao paraíso, serve para tentar melhorar. Eu sou socialista, mas não acho que é possível construir o socialismo em um país pobre e pouco educado. Também não chegaremos ao socialismo por sermos ricos, mas essas são as condições básicas, porque o homem já nasce com algo disso em seu disco rígido. Foi o desenvolvimento histórico da civilização que o tornou capitalista.

Essa visão extremamente idealista do homem gera dúvidas. Mujica também as tem e as reconhece. Dá a impressão de que gostaria de acreditar nisso e justificá-lo, mas a realidade o deixou bastante calejado. O que é certo para ele é que o homem precisa de autoridade, seja a exercida por ele mesmo ou a representada por outro, mas a civilização que sobreviveu foi a paternalista. Não é o melhor cenário, está muito distante dos Kung Sang, mas é a realidade. Alguém precisa mandar. E para mandar é necessário estar convencido. Quem não está convencido tem um problema sério e não termina nada bem. "Quando você não está convencido, tem que ir embora e tchau. Não pode guiar ninguém se tiver dúvidas e por isso é preciso pensar muito no que cada um acredita."

De convencimentos, história e autoridades, Mujica admira duas instituições: o Exército e a Igreja católica. Não porque compartilhe seus valores já que, de fato, está muito distante dos católicos e também da disciplina militar. O que chama sua atenção é o fato de terem conseguido sobreviver por milênios e continuarem extremamente ativas até os dias de hoje.

Para Mujica, a Igreja católica tem uma organização piramidal bastante perfeita. Suas tradições se arrastam há dois mil anos e continuam respeitadas e se mantendo. Possui redes em todas as partes do mundo e é o partido político mais antigo e com mais seguidores da História. É assim que entende Mujica e lhe interessa tudo o que há por trás das eleições das autoridades eclesiásticas, o poder judicial paralelo que as julga e toda a estrutura montada com base em convenções arbitrárias capazes de sobreviver até a um cataclismo nuclear.

A admiração pelo Exército vem por outro lado. Acredita que é ali que se manifesta a máxima autoridade e a origem da civilização moderna. Por isso Mujica respeita os militares. Mujica e todos os tupamaros. E os militares os respeitam, porque acreditam que compartilham princípios. Seu amigo Ñato Fernández Huidobro foi seu ministro da Defesa. Muitos oficiais o chamavam de "meu general" e o consideravam o melhor ministro dos últimos trinta anos. Muito irônico, ao se levar em conta que nos anos 1960 e 1970 estavam em lados opostos. Mas às vezes é isso o que a guerra deixa.

> Todos os exercícios que os milicos fazem e que não servem para nada são para que as pessoas fiquem automatizadas e respondam às ordens. Quando vem a guerra, não podem disparar cada qual para seu lado e têm que reagir em bloco de forma perfeita. As coisas que mais impressionam nas civilizações do passado são os exércitos. Como foi construído o império inca? E o romano ou o chinês? O Exército está até antes do Estado. Não me venha dizer que não tem nada a ver com a história da humanidade porque o Estado existe pela repressão e para a repressão sempre houve a Polícia e o Exército! Essa é a origem. Se você não estudar a História, não entenderá nada.

Mujica recorda até os dias de hoje seus grandes professores da época em que era estudante. Deve muito a eles seu pensamento mais profundo, esse que é construído nos primeiros anos de vida. E destaca especialmente que lhe ensinaram como aprender a aprender e tentar guardar o mais valioso de cada coisa. Transformaram-no em uma esponja.

O escritor uruguaio Francisco *Paco* Espínola é um dos mestres que mais recorda. Foi seu professor quando era adolescente e destinou um ano inteiro de suas aulas a Homero e a *Dom Quixote de La Mancha*, de Miguel de Cervantes. Lia para a frente e para trás, sem cessar, textos dos dois autores. Tudo o que seus alunos aprenderam em um ano foi lendo esses ilustres escritores. Também teve como professor José Bergamín, um refugiado da Guerra Civil Espanhola e "um dos homens mais sofisticados" que conheceu em toda sua vida. O historiador Carlos Real de Azúa foi outro daqueles que deixaram sua marca nos anos de aprendizagem de Mujica.

Mas o que mais destaca como fonte de conhecimento em sua juventude é o Uruguai dos imigrantes onde cresceu. Para Mujica, não há nada melhor do que os conflitos, e, quando são culturais, são ainda mais desfrutáveis. No começo do século XX, o Uruguai recebeu milhares de imigrantes europeus, especialmente espanhóis e italianos, que fugiam das guerras e da pobreza. "Aqueles galegos e italianos eram muito divertidos", recorda Mujica. "Foram eles que trabalharam para construir o que somos hoje. Minha família, assim como a maioria dos uruguaios, era assim."

O que fica depois de uma imigração maciça é, segundo Mujica, um grande benefício. Não se consegue nada de bom se não se pode ver o diferente e conviver com ele. O ponto central é a tolerância em relação àquele que é, pensa ou se expressa de maneira distinta.

> Não há nada melhor do que a mistura de gente. A pureza racial é uma merda. O Brasil é um grande exemplo. Lá há de tudo. Negros louros e de olhos claros, qualquer coisa. E têm uma vontade inacreditável de viver. É um exemplo brutal de mestiçagem.

Não apenas a pureza racial aborrece Mujica. Também a ideológica. Acha Marx um "gênio" e, apesar de rejeitar o comunismo, diz que sua interpretação da História é a mais próxima da realidade. "O que fizeram depois com ele foi uma grosseria, porque Marx escreveu a partir da leitura histórica e social e nunca imaginou que isso iria servir como justificativa para que fizessem qualquer coisa."

A teoria serve como insumo, mas não como verdade absoluta. Nada mais longe de Mujica do que a combinação dessas duas palavras. Nada que seja absoluto o entusiasma. Nem sequer a morte.

6. O exemplo

A noite era fria, ventava, o rosto chegava a doer. O ano de 2014 estava na metade, faltava pouco para o final do mandato de Mujica e sua fama internacional atravessava um de seus melhores momentos. Quatro meses depois seria escolhido o Prêmio Nobel da Paz e ele era um dos candidatos. Discrição, lhe recomendaram seus conselheiros mais próximos, mas ele não os ouviu. "Vamos ao aeroporto", ordenou ao seu chofer. "Agora mesmo." Não perguntou sequer se a hora era a correta.

Quando chegou ao Aeroporto Internacional de Carrasco, às oito da noite de 26 de junho, uma quinta-feira, esperou durante alguns minutos e foi avisado de que o futebolista Luis Suárez ainda não partira de Natal, no Brasil. A FIFA o suspendera por nove partidas oficiais pela seleção uruguaia e por quatro meses de qualquer atividade futebolística; o proibira até mesmo de pisar em um estádio. Como se fosse pouco, o obrigara a se retirar do hotel onde estava hospedado com seus companheiros da seleção. Quase como se fosse um delinquente. O motivo: dera uma mordida em um jogador italiano durante uma partida da Copa do Mundo. Todos os uruguaios estavam indignados. A punição era extremamente severa, mas, no exterior, quem provocava indignação era Suárez.

Mujica não se importou com o que o mundo dizia. Resolveu receber o jogador como se fosse uma vítima ou um herói assim que pisasse em solo uruguaio. Suárez não chegou naquela noite. Só aterrissaria ao amanhecer, mas o presidente estaria ali, ao lado do avião, para lhe dar as boas-vindas. Diante da demora, Mujica foi até sua casa, dormiu algumas horas e voltou. Queria vê-lo de qualquer maneira. Deu-lhe um abraço forte de boas-vindas, tímido, mas sentido, e até o convidou para que fosse passar alguns dias com ele na residência presidencial de Anchorena.

— Agradeço muito, presidente. Não posso acreditar que esteja aqui com este frio. Não era necessário — lhe disse Suárez, surpreso.

Estava angustiado; a voz, entrecortada.

— Queria lhe dar energias para atravessar a tormenta, garoto. Veja, todas as tormentas passam. Todas. Você precisa se tranquilizar — alentou-o Mujica.

Uma semana depois, quando a seleção uruguaia voltou do Brasil após ter sido eliminada pela Colômbia nas oitavas de final, Mujica foi de novo ao aeroporto para outras boas-vindas. O jornalista Sergio Gorzy, que viajou no mesmo avião que os jogadores, encontrou o casal presidencial ao sair da ponte de embarque. Sua câmera estava ligada e perguntou ao presidente o que achava da FIFA. "São um bando de velhos filhos da puta", respondeu Mujica, tapando a boca e sorrindo com picardia. Não havia percebido que estava sendo filmado. A imagem foi difundida.

Não pareceu uma decisão inteligente naquele ano de apogeu internacional, quando tinha até a possibilidade de ganhar o Prêmio Nobel. A maioria dos uruguaios pensava como ele e até compartilhava o sentimento de ofensa, mas, para o mundo, se apagava o Mujica conciliador e pacífico. Por isso vieram as recriminações de assessores e até a sugestão de que pedisse desculpas. "Não me entendem. Jamais deixarei um garoto como Suárez sozinho", foi seu argumento ao se negar a manifestar qualquer tipo de arrependimento.

A paixão pelo futebol não explica o deslize de Mujica. Gosta do jogo, mas não o sente com tanta intensidade como a maioria de seus compatriotas. É capaz de assistir a uma partida e fazer algum comentário interessante sobre jogadores e gols, mas o que mais lhe importa é o que não se vê no campo: a mobilidade social que este esporte possibilita. E, quanto a isso, Suárez é um exemplo, e dos melhores.

Mujica conhece a história da vida do centroavante e por isso o defende e justifica. Gosta de ver pessoas que nasceram na pobreza chegarem a ser os melhores esportistas do mundo e rir de seu passado, de sentir como às vezes a rua se impõe às grandes universidades. Respeita aqueles que mostram um caminho alternativo, por mais que esse caminho não seja de todo reto.

"Suárez é um guri magnífico, que veio de baixo. Eu o conheço bem e tem a picardia dos pobres. É um bom sujeito", nos disse em 2010, poucos meses depois de assumir a Presidência, quando o Uruguai ficara em quarto lugar na Copa do Mundo da África do Sul. Nessa ocasião, Suárez evitou um gol no último minuto da partida contra Gana ao desviar a bola com a mão. O Uruguai venceu a disputa de pênaltis e os africanos acusaram o atacante de ser antidesportivo e o compararam ao diabo. "Não sabem o que dizem. Quando você conversa com ele, percebe que tem bons sentimentos. O que houve ali foi esperteza pura", opinou Mujica naquele momento.

A esperteza, a malícia e até a concepção do gramado como um campo de batalha são características do futebol. E isso também conta com a simpatia de Mujica, que o interpreta como uma singular manifestação daqueles que cresceram sofrendo a exclusão. Os mais espertos conseguem avançar. Têm como alternativa correr atrás de uma bola, ganhar milhões e conservar a fortuna. É necessário respeitar e aprender com os espertos, diz Mujica. Por isso também se sente próximo do empresário de futebol Francisco *Paco* Casal.

Casal é um personagem questionável para muitos uruguaios, sinônimo dos negócios milionários e estranhos que se movimentam em torno do futebol. Começou como um garoto que entrava sem permissão nos campos de bairro e terminou decidindo que jogadores deveriam ser titulares em uma

Copa do Mundo. Representa quase tudo o que é relacionado com o futebol no Uruguai: o bom e o ruim.

> É um personagem de filme, um filho do sistema, uma mente torturada. Tem a esperteza dos meninos de rua. Atuava como gandula em partidas disputadas nos campos mais humildes e um dia começou a vender bolas assinadas por Pelé, que ele mesmo assinava.
>
> Só encontrei Paco algumas vezes. Os advogados que o defendiam em seus conflitos com o Estado estabeleceram o vínculo. Tem uma bronca bárbara da aristocracia e sente prazer quando pisa em sua cabeça. Tem um forte sentimento de classe, muito ressentimento e defende os mais pobres. Quer esmagar os que estão por cima e que alguma vez o desprezaram.

Mujica o conhece bem. É verdade que não esteve mais de uma dezena de vezes com ele, mas sempre tiveram afinidade. Lucía também gosta muito de Casal. "É como se fosse um filho deles", diziam dirigentes do futebol quando Mujica governava, uma afirmação que parece exagerada. Nem Mujica nem Lucía o amam como se fosse seu filho, mas o respeitam e valorizam.

No início do segundo ano de seu mandato presidencial, Mujica viajou em um fim de semana para Madri por sugestão de Casal. O objetivo era que conhecesse o então presidente do Real Madrid, Florentino Pérez, para tratar de negócios. Pérez é um dos principais empresários espanhóis no ramo da logística e energia, e depois da visita investiu em moinhos de vento no Uruguai.

"É um sujeito que admiro muito", nos disse Casal falando sobre Mujica durante essa viagem, hospedado em um dos hotéis mais caros da capital espanhola e usando roupas e joias que totalizavam mais de dez mil dólares. Mujica ficou muito entusiasmado com o poder de Paco na Europa, embora não tivesse repetido a experiência.

> Tem amigos realmente poderosos. É brutal. O presidente do Real Madri, o do Milan. É amigo desses sujeitos. Gostaria de ter um embaixador do Uruguai assim. Porra! Tem habilidade para fazer negócios e isso gera inimizades. Eu vi o poder que ele tem fora do país. As pessoas não entendem isso. Aqui surge um "você está comigo ou contra mim". Mas Paco é necessário. O capitalismo gera intermediários. Se não fosse ele, seria outro. É verdade que causa polêmica, mas nem por isso vou lhe fechar a porta.

Casal ficava muito pouco no Uruguai e conversava esporadicamente com Mujica naquela época, mas o vínculo entre os dois era evidente e gerou críticas de todo tipo e mais de um problema à estrutura oficial. São poucas as fotografias em que aparecem juntos e quase nenhuma foi tirada depois da viagem a Madri, embora todos soubessem dos códigos compartilhados. Alguma coisa agradava a Mujica nesse exemplar de novo-rico, de empresário prepotente no mundo do futebol, de amigo de bairro que defende, nas grandes ligas, jogadores semianalfabetos.

> Qualquer sujeito que tenha êxito no Uruguai é liquidado e, se vier de baixo, não será perdoado. Mas atenção, porque ele também não perdoa. Se você for prepotente com ele, será destroçado, mas também é um sujeito muito solidário com aqueles de quem gosta e é preciso valorizar isso.
>
> Ele não é nenhum anjinho porque, nesse meio, os anjinhos não chegam a nada, mas é necessário julgá-lo em seu contexto. O futebol é, entre outras coisas, um grande negócio capitalista no qual também há muita corrupção.

Casal ajudou muito o Uruguai quando estava no auge de sua vida empresarial. Mais: chegou a Mujica a versão de que a seleção uruguaia se classificara para as Copas do Mundo de 2002 e 2010 em parte graças a Casal. No primeiro caso, usara sua influência para fazer com que o Uruguai e a Argentina empatassem na última partida das eliminatórias. A Argentina já tinha um lugar garantido no Mundial e o Uruguai não podia perder. Resultado: 0 × 0, e as duas seleções se classificaram. Também dizem que distraiu como pôde, em Montevidéu, a seleção da Costa Rica, com a qual o Uruguai definiu a classificação para o Mundial da África do Sul, e que chegou a ter misteriosos diálogos com alguns jogadores centro-americanos.

Como presidente, Mujica teve de tomar certas decisões que envolviam Casal diretamente e sempre optou pelo caminho menos traumático, sem prejudicar muito o amigo empresário. Outorgou-lhe um canal de televisão por satélite disputado em uma concorrência pública, mas uma das melhores propostas havia sido a dele. Também lhe perdoou uma dívida que tinha com a Direção Geral Impositiva do Estado, mas porque os advogados do Estado haviam cometido um erro significativo: calcularam-na em 290 milhões de dólares quando, na realidade, não passava de 10.

Mujica optou por não cobrá-la, apoiado por Tabaré Vázquez, com o argumento de que estava livrando o Estado de uma ação milionária que Casal poderia mover contra ele por perdas e danos. É provável que a ação fosse movida mais cedo ou mais tarde, mas o presidente optou por resolver o assunto fora dos tribunais, evitando o confronto.

> A opção não era fácil. Estavam esperando que me acertasse com Paco para dizer que havia me comprado. Mas Paco poderia fazer um rombo no Estado. Estava diante de um problema complicado. Qualquer decisão que tomasse seria uma cagada. Por isso pedi que me assessorassem e me recomendaram que fizesse um acordo. Foi uma forma de gerar um dano menor. Os informes que recebi da Procuradoria de Governo me mostraram a magnitude do erro cometido e o custo que poderia

> chegar a ter uma ação contra o Estado. Foi a Procuradoria que sugeriu o caminho e Vázquez foi consultado.

Além disso, Mujica sempre manteve as portas da Torre Executiva abertas para Gustavo Torena, o Pato Celeste, um homem considerado de confiança do empresário futebolístico. Torena não tinha contatos frequentes com o presidente, mas sim com sua comitiva. Isso provocou certa irritação em parte da opinião pública uruguaia, que não tem simpatia por ele. Pato Celeste aparecia em fotografias atrás de Mujica durante reuniões importantes e os uruguaios o associavam cada vez mais a Casal.

Mas Torena tem um vínculo bem menor com o empresário futebolístico e, para Mujica, a definição que melhor lhe cabe é a de "aventureiro". Ficou famoso com seu codinome de Pato Celeste após ter viajado com a seleção uruguaia de futebol e entrado em vários campos de futebol fantasiado de pato. Esse é seu grande mérito, mas sua participação nos negócios mais importantes é menor.

> Criticaram o coitado do Pato à toa. Pensam que é o centro do universo e isso é um disparate. Não é da confiança de Casal. É um pobre louco que vive de beliscar. Armaram um verdadeiro circo a respeito da influência de Pato no governo e não se deram conta de que tudo isso é uma fábula.

De qualquer forma, Mujica tentou, sim, diminuir o poder de Paco, mas não conseguiu, porque nunca teve acesso ao mundo do futebol. Tentou que fossem licitados os direitos de transmissão que eram administrados com exclusividade pela Tenfield, a empresa de Casal, e até avaliou a possibilidade de levar a empresa estatal de telefonia a participar do negócio. Uma verdadeira mudança que nunca se concretizou. Não foi apoiado pelos principais clubes de futebol do Uruguai nem por uma parte de seu governo.

> Nunca consegui entender os problemas do futebol. É verdade que tenho simpatia por Casal, mas teria gostado de afastá-lo um pouco do negócio. O que acontece é que você se mete ali, no meio, e se dá conta de que nem sendo Presidente da República consegue mudar muita coisa. É brutal a grana e o poder que o futebol maneja.

O dinheiro não interessa a Mujica. Essa atitude despojada não é pose, é verdadeira. Gasta apenas o necessário e o resto doa ou poupa para comprar material agrícola ou terras. Nem sequer sabe o que ganha por mês. Mas tem amigos que fizeram fortuna e os respeita. Capitalistas em todo sentido da palavra. Não novos-ricos vinculados ao futebol. Capitalistas com maiúscula. Burgueses uruguaios e estrangeiros. Também os cita como exemplo, embora não por seu dinheiro.

> Há estereótipos do que é o burguês. O burguês só pensa em si e o que lhe interessa é lucrar. Mas existem muitos que têm códigos. É verdade que há outros que não, que são os piores, mas há muitos que é preciso escutar, porque sua experiência tem serventia.

Um discurso que a esquerda tem dificuldade de digerir assim como alguns companheiros de Mujica, que mantêm uma visão dos anos 1960, de oposição à burguesia.

— Estou muito afastado do meu setor político em tudo isso. Vivo em uma gigantesca solidão e às vezes a sinto seriamente.

— Aquela história da ovelha negra.

— Sim, e das mais sofridas. Por algumas das minhas ações, sou odiado pela direita e incompreendido pela esquerda. Agora todos me fazem a vênia porque sou presidente, mas veja, há muitos do meu partido que me odeiam.

— Posso lhe assegurar que muitos do outro lado também.

— E outros são meus amigos. Ser amigo de um burguês é inconcebível para um sujeito dessa esquerda. Eles não veem o que eu vejo, que é a capacidade de gerenciar, de administrar, de gerar trabalho, tudo isso. Os capitalistas são a energia criadora do mundo. Estou olhando para a humanidade que nos tirou da caverna e foi capaz de criar o mundo atual. Às vezes, se fazer entender é maçante. A criação de uma sociedade nova não é coisa para estúpidos. É preciso ter muita rua, filosofia e a mente bem aberta.

— Não haverá uma questão de interpretação também?

— Claro! Eu defendo que a libertação nacional é uma etapa longa em direção a um país desenvolvido. Esse é o meu principal objetivo. O conceito de libertação nacional é policlassista, precisa da participação de pelo menos uma parte da burguesia para que seja viável. Não é possível fazê-la contra a burguesia. Também tenho amigos burgueses para isso, porque preciso que estejam ao meu lado. Não conseguem entender esse conceito.

Perto da casa de Mujica vive um velho empresário que mal concluiu a escola. É um agricultor importante que agregou valor aos seus produtos. Vende, por exemplo, tomates embalados a grandes supermercados e cadeias multinacionais de alimentos. Vai somando mais e mais ideias, e muda de repente, seguindo seu faro. Sua formação: a experiência e as viagens. Visita, todos os anos, vários países e sempre traz boas ideias. "É um velho incrível", o define Mujica.

Algo semelhante o faz recordar o "velho Gard", dono de uma das principais marcas de azeite do país. Romuald Gard tinha noventa anos quando faleceu, em dezembro de 2014. Estava cego e continuava trabalhando todos os dias. Inaugurou uma nova planta industrial semanas antes de morrer. Um exemplo recorrente para Mujica, assim como outra dezena de pequenos empresários uruguaios que começaram do zero.

Para ele, o que eles têm em comum é o faro, a inventividade, o fato de "trabalharem como cães", a coragem e a capacidade de correr riscos. Também sabem escolher muito bem aqueles que os cercam. Para Mujica, esse é um aspecto fundamental: estar disposto a contratar os mais inteligentes, mesmo que lhe façam sombra.

> Vários empresários locais me surpreenderam e não têm nada a ver com a esquerda. São produto da economia burguesa, mas são pessoas úteis à sociedade, não são parasitas. Você, por mais de esquerda que seja, tem de reconhecer esses sujeitos porque trabalham como loucos e criam empregos. São burgueses admiráveis.

No exterior, há três empresários multimilionários que fizeram investimentos no Uruguai, e Mujica os cita, frequentemente, como exemplos: um grego e dois argentinos. Os três são velhos, vivem luxuosamente e não param de agregar novos empreendimentos por mais que já tenham conseguido amealhar grandes fortunas.

O primeiro é Panagiotis Tsakos, um dos principais armadores da Grécia. "Um personagem. Tem cerca de vinte navios e uma ilha grega. Esse velho é puro sentimento."

Tsakos comprou um importante edifício na avenida portuária de Montevidéu para construir um grande estaleiro. Tinha tudo preparado, mas os operários locais falharam. "Os uruguaios são inteligentes, o grande problema é que não querem trabalhar", disse Tsakos a Mujica. "Você tem razão", respondeu o presidente.

Deixou o estaleiro pelo caminho porque tampouco lhe permitiram que trouxesse operários da Grécia. Não conseguiria concretizar sua ideia com uns poucos uruguaios. Então comprou uma fazenda e se dedicou aos negócios agropecuários. Além disso, administra uma grande fundação uruguaia que fomenta o intercâmbio cultural entre os dois países.

> O sujeito se adaptou ao que é o Uruguai e também começou a fazer grana aqui com o negócio agropecuário. Trouxe a mãe, uma grega que nunca deu bola às dezenas de navios do filho espalhados pelo mundo, mas quando viu que tinha aqui mil vacas e três mil ovelhas lhe disse: "Meu filho, não sabia que éramos ricos." Inacreditável.

O segundo é Samuel Libermann, um empresário argentino, dono de meios de comunicação e redes de hotel. Libermann se aproximou de Mujica alguns anos antes de sua eleição, através de Jorge Lepra, ex-ministro da Indústria, e estabeleceram uma excelente relação. Mujica gostou de seu discurso empreendedor e da forma como foi construindo, tijolo a tijolo, um pequeno império. Libermann considerou o velho ex-guerrilheiro uma pessoa autêntica, mas estranha.

Alguns meses antes de sua posse, Libermann convidou Mujica e Lucía para irem à sua mansão de Punta del Este, que ocupava um quarteirão, e surpreendeu o casal. "Nunca terminávamos de entrar", nos contou ele depois.

O empresário argentino perguntou como o casal havia se conhecido, aproveitando a intimidade da sobremesa caseira, depois de mais de quatro horas de conversa e de algumas garrafas de vinho. Mujica recordou que fora na época em que viviam na clandestinidade, fugindo pelas montanhas. "O medo nos uniu", disse, com os olhos cheios de lágrimas. Vive se emocionando, mas só com as pessoas com as quais se sente confortável. Deixa fluir com mais liberdade sua sensibilidade, embora sempre de forma controlada.

Anos depois, já presidente, voltou a encontrar Libermann, e seu novo projeto chamou sua atenção. Não conseguia acreditar que, em sua idade, estivesse envolvido em outro negócio.

> Libermann entregou tudo ao filho, porque está velho, mas passou a cultivar flores para vender no Quênia. Levou pessoas do Equador, especialistas em rosas, e está fazendo negócios lá. Esse

> velho é incrível. Começar, aos 80 anos, um negócio a partir do zero no Quênia! Porra! É preciso dar atenção a esses sujeitos. São velhos cheios de dinheiro, mas não se dedicam apenas a desfrutá-lo. Têm essa energia criadora. Você fica admirado, são realmente exemplares.

A relação com o terceiro empresário estrangeiro que Mujica citava frequentemente como exemplo foi um pouco mais turbulenta: começou muito bem e terminou mal. Seu nome é Juan Carlos López Mena e é dono da empresa Buquebus, responsável pelo transporte entre Montevidéu e Buenos Aires pelo Rio da Prata, quase sem concorrentes.

López Mena sempre foi próximo dos governos do Uruguai e da Argentina. Seu negócio depende de quem está no poder. Ele sabe disso e age de acordo. É um empresário muito hábil, que iniciou sua carreira vendendo camisas e acumulou uma fortuna de milhões de dólares. Começou com barcos no Rio da Prata e continuou na Espanha, na Itália e na Croácia. Chegou a sondar a possibilidade de instalar um *ferry* entre Miami e Havana.

> O sujeito não para. Eu lhe disse certa vez: "Você não vai se dedicar a desfrutar um pouco a grana que ganhou?". Ele me respondeu que essa era sua vida. Escolheu a aventura e o risco. Você o vê e não dá nem dois pesos por ele. Mas são pessoas como essa que transformam o mundo.

A reflexão antecedeu o incidente que envolveu os dois. O que aconteceu depois entre Mujica e López Mena tem muito a ver com o modo diferente adotado por ambos para exercer o poder. O primeiro é despojado, e o segundo, ambicioso. Na metade de seu mandato, Mujica seguiu um conselho de Fernando Lorenzo, o então ministro da Economia, e fechou a Pluna, companhia aérea de bandeira uruguaia. Lorenzo fez a recomendação porque o Estado era o fiador dos sete aviões da empresa e eles poderiam ser confiscados em virtude de processos jurídicos milionários que ela estava enfrentando no exterior.

O caminho que usaram depois foi o de levar os aviões a um leilão público para tentar recuperar parte do dinheiro investido. Cerca de uma dezena de pessoas se interessaram, mas no final só restou López Mena. Mujica colocou Lorenzo e outros integrantes do governo para trabalhar com ele, procurando uma saída. López Mena, que também queria ficar com a ponte área entre Montevidéu e Buenos Aires, conseguiu que um espanhol o representasse, e este participou do leilão com o aval do banco estatal uruguaio República, do qual o dono da Buquebus é um dos principais clientes.

A rodada final do leilão durou apenas seis minutos, mas o plano não saiu como estava previsto. A imprensa ficou sabendo que o comprador era vinculado a López Mena e que o aval para a operação fora dado pelo Estado. O governo argentino reagiu imediatamente, apostando com mais força na companhia estatal Aerolíneas Argentinas no que dizia respeito à ponte aérea Buenos Aires–Montevidéu. López Mena desistiu do negócio e o Banco República quis lhe cobrar o aval de 14 milhões de dólares que havia lhe dado, quantia que representava 10% do valor total da operação.

O empresário argentino tentou evitar o pagamento dessa soma e negou que estivesse associado aos compradores. Mujica o convocou ao seu gabinete e o convidou a honrar suas obrigações, levando em conta todos os negócios que mantinha com o Estado. Depois de muitas idas e vindas, López Mena acedeu e está pagando sua dívida até hoje.

A alternativa sugerida publicamente naquele momento por senadores da Frente Ampla para evitar a excessiva exposição pública da negociação foi a de que o Estado pagasse o custo da reserva dos aviões. Assim López Mena seria afastado da cena. Mujica nem considerou essa possibilidade. Não queria dar mais um passo porque temia que, se o desse, seu ministro da Economia e o presidente do Banco República terminassem presos pelo que poderia ser considerado um prejuízo econômico ao Estado.

"Não se abandona os soldados no meio da batalha", nos disse em uma manhã de novembro de 2010, comendo carne assada no alpendre de seu amigo Gordo Sergio Varela, ao lado de sua casa. Confessou que havia passado por uma das piores semanas de seu governo. O erro, refletiu, foi a ansiedade de solucionar de qualquer maneira a questão do leilão. "Aqui ninguém afanou nada, mas fizeram cagadas por serem apressados", foi sua leitura.

Perguntamos até que ponto ele estava envolvido na história. Queríamos saber se havia sido ele quem armara a encenação malsucedida para liquidar a companhia aérea. "Sou responsável porque permiti que agissem. É óbvio que o presidente tem a palavra final", respondeu com um olhar cortante, mas nos disse que a solução fora idealizada por assessores do ministro da Economia.

Mujica resolveu que o Estado não voltaria a intervir; que a justiça entrasse em cena. O ministro da Economia e o presidente do Banco República terminaram condenados em primeira instância por outro delito, o de abuso de funções, mas não foram presos. Foi um golpe duro para o governo, e poderia ter sido pior. Mujica defendeu-os publicamente, assumiu a responsabilidade política e pagou o preço.

O excesso de confiança em López Mena foi um dos motivos dessa crise. Voltou a encontrá-lo em mais de uma ocasião, mas a relação havia mudado. O empresário argentino não contava mais com o apoio do governo e teve algumas dificuldades em seus negócios. Outro exemplo para Mujica, embora negativo, daqueles que deixam um sabor amargo. Seu ponto fraco foi exposto. Ele e seu Gabinete foram expostos.

Os processados eram "soldados", não amigos. Haviam sido escolhidos pelo vice-presidente Astori e não faziam parte do círculo de extrema confiança de Mujica. A verdade é que são poucos os que fazem parte desse grupo; da oposição, Guapo Larrañaga, e, do governo, os que trabalhavam em sua equipe, como Homero Guerrero, Diego Cánepa, sua secretária pessoal, María Minacapili, e alguns tupamaros, de antes e de hoje. Depois da campanha eleitoral, também manteve relações de confiança com Pancho Vernazza e se sentia próximo de alguns ministros, como o do Desenvolvimento Social,

Daniel Olésker, e o da Indústria, Roberto Kreimerman. Ambos são membros do Partido Socialista, mas, em essência, mujiquistas.

Mujica não se sente confortável com os integrantes do sistema político uruguaio. Poucos correspondem às suas expectativas. Como referência intelectual de seus opositores, destaca Ignacio de Posadas, um advogado católico que foi ministro da Economia no começo da década de 1990, quando Lacalle era presidente. Posadas tem mais de 70 anos. Cresceu em outra época.

— O velho discurso: os políticos do passado eram muito melhores do que os de hoje...

— O problema é que agora falta conteúdo. O descrédito na política é causado também pela falta de um discurso atraente por parte daqueles que ocupam os principais postos.

— A falta de renovação pode ser atribuída aos mais velhos, que não saem de cena.

— Isso parece uma desculpa porque quem tem conteúdo, chega. Trata-se, também, de uma questão de capacidade. Leio documentos políticos dos anos 1940 e encontro sujeitos muito mais modernos do que os de agora. Havia sujeitos que o deixavam pensando, mas não os encontro hoje, nem na Frente Ampla. Esse é o problema. Por algum motivo o Uruguai se trancou. Não era assim. Ficou.

— Existir, existem. O fato é que não se dedicam à política.

— É verdade que há muitos que saem correndo. Quanto mais longe da política, melhor. Mas tampouco surge um novo músico como Zitarrosa ou como os Olimareños. Isso também acontece no jornalismo. O nível baixou muitíssimo. O Uruguai vive recorrendo ao seu passado, a relíquias, para se manter em pé. Falta muita gente que faça pensar. Não tenho clareza sobre o que falhou nas últimas décadas, mas alguma coisa falhou.

O dia em que esta conversa aconteceu foi complicado para Mujica. Estava extremamente decepcionado. Sentia que havia se equivocado ao apoiar alguns dirigentes. Isso aconteceu no auge de sua carreira, quando estava perto de ser eleito presidente. Apostou na cientista política Constanza Moreira. Apoiou-a quando pretendeu dirigir a Frente Ampla e depois lhe deu um lugar no Senado. Fez uma coisa parecida com o economista Alberto Couriel, que foi assessor de governos de esquerda na Nicarágua e no Peru.

Uma vez eleitos senadores, nenhum dos dois contribuiu financeiramente com o setor político que os elegeu. "O mais sensível dos órgãos é o bolso", diz Mujica com certa irritação quando recorda a situação. E lhe dói mais quando acontece na esquerda. E mais ainda com os seus.

É verdade que não exige de ninguém que viva como ele, mas se irrita quando aqueles que se elegem graças a ele não retribuem. Fica indignado. Não tolera. Aconteceu com Moreira e com Couriel, mas acha que é um problema mais generalizado na política.

> O Movimento de Participação Popular tem um fundo para os companheiros que adoecem e há, também, o fundo Raúl Sendic. Constanza não contribuiu com um peso. Dizem que é de esquerda, mas seu coração é mais capitalista do que a puta que pariu. Virou senadora por acaso, como Couriel. Não colocou nem um peso na vida. Levam a melhor em tudo. No final você é obrigado a ser filho da puta, sectário e a não apoiar ninguém. De que nova esquerda você está falando? Isso tudo é uma mentira.

São muitos os que são atingidos pela ira de Mujica. Desde parlamentares que constroem suas casas graças a diárias que não devolvem até aquelas que se dizem feministas, mas não dão exemplo.

> Sessenta por cento dos beneficiados pelo Plano Juntos[1] são mulheres solteiras com filhos. Você acha que apareceu alguma organização feminista para contribuir? Não, todas são compostas por intelectuais que têm empregadas domésticas. E a Frente Ampla é a maior fonte dessas intelectuais insuportáveis. É preferível lidar com uma trituradora do que com elas.

Também tem raiva dos ressentidos. Lamenta quando o criticam por se aproximar excessivamente de seus inimigos do passado. Para eles, mostra a face soturna do liberal que aceita quem pensa de outra maneira. Ele optou por não cobrar velhas contas e não acredita que haja outro caminho possível. E em relação a isso não dá muito espaço à discórdia.

> Fui ao quartel de Rocha, onde fiquei preso por algum tempo. O comandante veio tirar fotos e me perguntou se podia trazer sua esposa. As voltas que a vida dá. Terminei povoando seus porta-retratos. Mas não tenho ódio dos milicos. Alguns companheiros de esquerda não conseguem entender isso, não me perdoam. Dói, e por alguns momentos fico irritado com o fato de que vejam isso como uma traição. Tentei transformar o mundo e assumo a responsabilidade. Se não fossem os milicos, seriam outros. Não os odiava, foram instrumentos. Deve ser horrível passar a vida inteira com esse ressentimento. Tenho pena de quem sente isso. Não percebem que você também lutou com apreensão. Ficaram naquela época e, com esse discursinho, lutam com os mortos. Você lhes tira isso e não lhes resta nada. Não entendem que a vida continua e surgem novas gerações. Viver envenenado é viver para nada.

---

[1] O *Plan Sociohabitacional Juntos* foi responsável pela construção de casas para os setores mais pobres da população com o dinheiro que Mujica doava de seu salário e com contribuições de alguns funcionários públicos e empresários. No final do governo Mujica haviam sido entregues cerca de três mil casas.

No entanto, também conserva amigos e guarda as melhores recordações dos velhos tempos. Nos calabouços, adquiriu a paciência e a perseverança, que o levaram muito longe, muito mais do que alguém poderia imaginar.

"Ah, isso é de ficção científica! Penso em quando estávamos nas catacumbas de Paso de los Toros e conversávamos batendo com os nós dos dedos. Tudo isso faz com que Ray Bradbury pareça um escritor naturalista de uma aldeota do Uruguai ou de alguma outra perdida por aí. É insólito", afirmou o ex-guerrilheiro Mauricio Rosencof, ao semanário uruguaio *7N*, ao comentar sobre o fato de Mujica ser presidente.

Rosencof, Ñato Fernández Huidobro e Mujica compartilharam durante a ditadura militar os cubículos mais escuros, separados por paredes-cegas, de vários quartéis. Os três estão vivos, no sentido pleno da palavra. Veem-se muito pouco, mas sabem que a distância não altera nada. "São meus irmãos", diz Mujica.

> Quando estava nos calabouços, tinha Ñato e Rosencof por perto.
>
> Rosencof escrevia poemas para as namoradas dos milicos e Ñato fazia desenhos e os trocava por tabaco. Eu lia. Alguns do mais jovens ficaram pelo caminho. Nós, os velhos, fomos os que resistimos mais. Temos uma multidão de sombras que ficaram pelo caminho. Por pura casualidade, continuamos e isso nos faz ficar mais vivos.

Mujica preserva tudo o que viveu. Sabe que está velho, que passou por muitas coisas e que não é hora para reciclagens nem longas preparações. Já pensa mais no passado como história e no futuro como posteridade. Diz que não quer "discutir à toa nem perder tempo". Que o que importa é o transcendente e que fora disso é preferível se retirar. "Me lembro de Bebe. Discutia durante meia ou uma hora e depois se deitava e dormia. Não aguentava muito. Hoje eu faria a mesma coisa", afirma.

Que lugar a História lhe reservará? O de "escritor falante", escolhe. Essa imagem é a que mais lhe agrada. "Desenvolvo o pensamento assim. Às vezes surpreendo a mim mesmo com o que vou dizendo", afirma.

Cita o antropólogo Daniel Vidart:

> É um sujeito que deve ser apreciado e lido. Gosto muito dele. Vai passar para a História. Hoje, dos intelectuais que restam vivos, é um dos mais influentes, um tesouro do Uruguai. É testemunha de uma maravilhosa geração de intelectuais. Há por aí sujeitos desse Uruguai que valem a pena. Há muitos que não são muito famosos agora, mas dentro de um tempo serão vistos com mais clareza.

Os anos dirão se Mujica faz parte desse seleto grupo.

7. O caudilho

A foz do Rio San Juan no Rio da Prata é um dos lugares mais belos de Anchorena, onde fica a casa de campo da Presidência. O ar cheira a encontro de rios e as cores se definem entre barrancos, pradarias, água doce e bosques nativos. Percorrer lentamente essa região apazigua. A natureza exibe uma de suas versões harmoniosas, dessas que levam a respirar mais profundamente.

Não é fácil chegar ao recanto formado pelos dois rios. É necessário ir com um guia experiente e percorrer alguns quilômetros no meio de bosques e campos. Em abril de 2011, fomos levados até lá por Mujica, na caminhonete Mitsubishi branca que usava no parque de Anchorena. Estava na Presidência havia pouco mais de um ano e, durante o caminho, a conversa se deu sobre paisagens, cervos, vacas e vários tipos de árvores. A alguns metros do destino, diminuiu a marcha. "Vou lhes mostrar como sei que Tabaré Vázquez vai voltar a postular a Presidência", nos disse com seu sorriso característico antes da picardia.

Mais adiante se via um lugar preparado para acampar sem muitos problemas: uma churrasqueira com capacidade para assar cerca de trinta quilos de carne, uma estrutura de concreto com banheiros, chuveiros e vestiários, e um caminho que leva ao Rio San Juan e a um embarcadouro. Diante desse panorama, era impossível não imaginar as tertúlias ao redor do fogo em noites estreladas ou a movimentação de amigos ansiosos, com suas varas de pesca, de manhã cedo. "Isso foi armado por Tabaré, para vir com seu pessoal. Eu não o uso", explicou nosso guia.

Até essa parte do relato, nada estranho, levando em conta que pescar é uma das paixões de Vázquez e que durante sua Presidência passava muitos dias em Anchorena. "Aqui está a prova de que voltará a se candidatar", nos disse Mujica, apontando para um lado do caminho que leva ao rio. O segredo que revelou: cerca de dez limoeiros plantados há não mais de três anos e com cerca de quarenta centímetros de altura. "Na próxima eleição, o homem quer ter limões fresquinhos perto do acampamento", exclamou sorrindo, depois de uma piscadela.

Este prazer de Vázquez de passar dias inteiros no campo é compartilhado por Mujica. A única diferença é que pescar o entedia profundamente. Muitas das reuniões que os dois mantiveram quando Mujica era presidente aconteceram na região de Anchorena, na intimidade da natureza, embora não no parque presidencial. Depois do término de seu mandato, Vázquez continuou indo acampar com seus amigos em uma propriedade próxima ao Rio San Juan. Mujica o encontrava ali e conversavam durante horas.

No verão de 2013, Vázquez passou quase um mês em seu novo acampamento e Mujica o visitou três vezes. Para chegar, tinha de sair da residência presidencial de Anchorena, andar uns dez quilômetros por uma estrada federal, entrar em uma fazenda particular e percorrer outro longo percurso em campo aberto. Um trajeto total de mais de vinte quilômetros, para terminar quase diante do ponto de partida. Vázquez passava as férias nesse lugar, bem próximo da residência de férias da Presidência.

> Fui muitas vezes comer e beber com ele lá. Tem um belo acampamento, até melhor que o de Anchorena, só que no campo da frente. O dono desse campo, um galego, permitiu que armassem o acampamento porque Vázquez o autorizava a aterrissar seu avião em Anchorena. Quando vai com seus

amigos, levam uma lancha a motor e dizem que vão pescar. Mentira! Ficam cozinhando e bebendo.

Em uma de suas excursões quase semestrais para pescar, Vázquez parava na casa de Anchorena antes de voltar a Montevidéu e levava peixes de presente. "Tabaré esteve aqui de novo, presidente. Guardamos os peixes que ele lhe trouxe", disseram mais de uma vez a Mujica, por telefone, os administradores da casa presidencial.

Esse foi o lugar escolhido pelos dois para consolidar o círculo Vázquez--Mujica, Mujica-Vázquez. Os dois, ao lado de Astori, são os políticos mais populares do Uruguai e lideraram a Frente Ampla nas duas últimas décadas. Vázquez foi presidente primeiro, depois Mujica, e depois de novo Vázquez. Astori foi ministro, vice-presidente e tentou ser presidente, mas não conseguiu. Perdeu uma eleição interna para Vázquez e outra para Mujica.

"Nunca aconteceu a grande interna", dissemos em uma madrugada para Mujica, no meio de cigarros e garrafas vazias de vinho. Fazia mais de uma hora que estávamos falando da tríade que levou a esquerda uruguaia ao poder e que a manteve ali por quinze anos.

"Tabaré competiu com Danilo e Danilo com Tabaré, mas o senhor com Tabaré, nunca", refletimos, achando que havíamos descoberto uma coisa nova para acrescentar a esse triângulo extremamente importante da vida política uruguaia recente.

Ele pensou por alguns segundos, terminou seu cigarro, apagou-o e respondeu. "Não é assim." Esperou nossa reação e, diante do nosso olhar incrédulo, acrescentou: "Na realidade, eu competi com os dois nas internas. Candidatei-me a presidente contra os dois. Tabaré apoiou Danilo com toda sua força e eu venci os dois juntos nessas eleições."

É verdade. Vázquez e Astori não queriam que Mujica fosse presidente e jamais imaginaram que ele ganharia as eleições internas. Os três são do mesmo partido político, mas são muito diferentes. Na verdade, o mais diferente é

Mujica, como sempre. Além disso, conseguiu manter uma boa relação com os dois, que estiveram presentes durante todo seu governo. Astori como seu vice e Vázquez como conselheiro, nem sempre com bons resultados.

As críticas de Vázquez a Mujica eram frequentes. Na metade de seu mandato, chegou a dizer a jornalistas e empresários em conversas informais que os dois representavam modelos diferentes de país. "Eu não o fodi e não quero que me foda. Deverá me apoiar porque eu sempre o apoiei quando ele era presidente", nos disse Mujica quando ficou sabendo que, em particular, Vázquez estava classificando seu governo de "caótico". "Não lhe dou bola. Se lhe desse bola, não seria presidente", nos confessou.

Nunca tiveram muita sintonia e era evidente que as coisas não iriam mudar durante a administração de Mujica. Talvez a divergência mais importante já tivesse acontecido quando Mujica resolveu se candidatar à Presidência, pois Vázquez apoiava Astori. "Nunca me perdoou", disse Mujica. É difícil saber, mas, certamente, não o fez durante a campanha eleitoral. Vázquez chegou a acusá-lo de dizer "besteiras", e um de seus homens de confiança, Gonzalo Fernández, disse a quem quisesse ouvir que iria embora a nado do Uruguai se Mujica chegasse a ser presidente.

A forma de administrar o poder é uma das principais diferenças entre Mujica e Vázquez. Nesse aspecto, não há conciliação possível. Mujica situa Vázquez na calçada oposta, no clube dos ex-presidentes de que ele jamais fará parte.

Ele nos disse uma das frases mais significativas a respeito disso em sua casa, em uma manhã de inverno. O importante não foi apenas o que disse, mas como o disse e em que contexto. A reunião aconteceu bem cedo, às sete e meia. Veio nos receber na porteira quando o pasto ainda estava oculto sob a camada de gelo que se formara durante a madrugada. Usava um gorro de lã que ia até os olhos, com buracos pelos quais se assomavam cabelos brancos, e, para completar, uma calça de moletom, duas jaquetas de lã de cores diferentes e velhas pantufas de pele de cordeiro. No rosto tinha restos de espuma de barbear e ainda não colocara a dentadura.

Levou-nos a um galpão com chão de terra ao lado de sua casa. Sentou-se em uma lata de tinta e nos ofereceu dois banquinhos. Bebendo mate e comendo biscoitos, a cada duas mordidas nos dizia que jamais entraria em sintonia com Vázquez porque têm uma relação muito diferente com o poder. E esclareceu: "Ele mantém distância porque se acha pre-si-den-te e aqui ninguém é mais do que ninguém."

Para Mujica, Vázquez faz parte de *outra* esquerda. Reconhece que nasceu e cresceu em La Teja, um bairro montevideano de baixa classe média, mas recorda que depois se dedicou a "fazer dinheiro" como médico e se mudou para uma região da classe média alta. "Abandonou os pecados originais. Eu não os abandono. Continuo cheirando bastante a povo e nem todo mundo gosta disso", afirma.

De qualquer forma, os três — Vázquez, Mujica e Astori — participaram de quase todas as decisões mais importantes. O exemplo mais claro disso aconteceu durante o primeiro governo de Vázquez, diante da possibilidade de que o Uruguai viesse a assinar um tratado de livre comércio com os Estados Unidos. O principal defensor dessa ideia era Astori, que convencera Vázquez. Quando o acordo estava prestes a ser assinado, Mujica fez uma longa viagem de avião com o então presidente e usou seu poder de persuasão para tentar reverter a decisão. Seu argumento foi o impacto negativo que uma aproximação tão pronunciada com os Estados Unidos poderia ter nos outros países da região e no âmbito da Frente Ampla, em especial nos comunistas e socialistas uruguaios. Atingiu seu objetivo: Mujica convenceu Vázquez, Vázquez convenceu Astori e ponto final. Várias decisões importantes de governo foram tomadas assim, mediante consultas permanentes entre o triunvirato.

Depois desse episódio, Mujica e Astori formaram a chapa presidencial vencedora e estreitaram um pouco mais seu vínculo. Algumas semanas antes de assumir, Mujica nos disse que iria destinar um papel importante na área econômica ao vice-presidente. E foi o que fez, embora sem abandonar seu estilo de governar nem perder o controle.

"Você terá todo o fôlego necessário para resolver os problemas econômicos e gerar certezas", havia prometido a Astori. O vice-presidente se sentiu confiante, mas, com o passar do tempo, se deu conta de que, com a *ovelha negra*, o que começa com "todo o fôlego" pode acabar em temporal.

Já no segundo ano de governo, Astori começou a se aborrecer com um presidente que ainda não tinha assumido totalmente o poder e se mostrava bastante displicente em relação a assuntos que envolviam os dois. Assim, embora com altos e baixos, a relação entre um anarquista pouco dado a formalidades e um obsessivo que não gosta que nada saia do roteiro previamente estabelecido foi ficando cada vez mais conflituosa.

Apenas um ano e meio depois de terem tomado posse, Mujica e Astori participaram de uma reunião com os principais dirigentes das entidades empresariais. Era uma comemoração como outra qualquer, que se estendeu por horas, no meio de garrafas de vinho e cigarros. Mujica não parou de fumar e, antes de partir, teve um diálogo com a esposa de Astori, Claudia Hugo, que deixou o casal preocupado.

— Cuide dele, minha filha...

— ...

— Cuide dele, porque não vou aguentar até o final.

— Mas Pepe, não diga isso. Você tem que se cuidar um pouco mais e parar de fumar tanto.

— Estou lhe dizendo muito seriamente: cuide dele. Eu já estou de saco cheio de tudo isto.

Essa não foi a primeira nem a última vez que Mujica prognosticou que não concluiria o mandato, mas naquela ocasião se mostrou especialmente pessimista.

Naqueles dias, Mujica estava se preparando para criar o imposto sobre a propriedade de terras maiores do que dois mil hectares, uma medida econômica que não estava disposto a abandonar. A proposta provocou um debate ideológico com Astori, embora o vice-presidente tenha acabado fazendo o que o presidente lhe pediu. "Danilo se portou bem comigo, mas uma coisa é Danilo, e outra, o danilismo", diz Mujica.

Em 3 de abril de 2011, quando não se sabia nada do projeto, o vice-presidente recebeu em sua sala, no meio da tarde, um envelope pardo cujo remetente era a Presidência da República. Lá dentro, com letra manuscrita do próprio Mujica, havia uma folha que dizia "rascunho". As outras folhas incluíam os artigos que estabeleciam o imposto, que Astori não aprovava. O presidente resolveu seguir em frente, sem considerar os questionamentos dos dirigentes *danilistas*.

No entanto, em primeiro de julho, quando a discussão já se instalara, Mujica convocou Astori à sua sala da Torre Executiva para conversar sobre vários temas. O vice-presidente tinha de viajar para o Chile e temia que Mujica anunciasse o novo tributo às grandes extensões de terra em sua ausência e sem fazer as alterações que lhe pedira.

"Não estou com vontade de falar sobre o imposto", lhe disse Mujica. "Estou de saco cheio desse assunto." E acalmou-o: "Fique tranquilo, eu espero você. Não vou fazer nada sem que você esteja aqui."

"Falemos um pouco de filosofia", pediu. Astori sorriu. "Estou falando sério: como está vendo o governo?". A resposta do vice-presidente foi taxativa: "Tente falar um pouco menos."

"Vou tentar, mas gosto de pensar em voz alta e é muito difícil que vá mudar a esta altura da minha vida", respondeu Mujica.

No dia seguinte, o presidente informou aos meios de comunicação que, depois de uma reunião produtiva, havia aceitado as propostas sobre o imposto rural que Astori lhe apresentara dez dias antes. Um agrado que deixou o vice-presidente feliz, e o projeto foi votado depois pelo Parlamento.

Houve outras coisas também. No terceiro ano de governo, Mujica mandou revisar os decretos que definem o salário do presidente e o do vice-presidente e se surpreendeu ao ver que estavam isentos de contribuir para a seguridade social. Ficou indignado. Resolveu alterar a norma e comunicou sua intenção a Astori.

"É um disparate, não é assim", respondeu o vice-presidente a Mujica e ao então secretário da Presidência, Alberto Breccia. Explicou que estavam interpretando mal os decretos, que as contribuições à seguridade social eram feitas mês após mês. Mas era tarde demais. Mujica já havia se encarregado de espalhar a informação e de emitir um comunicado oficial anunciando as mudanças.

Astori não conseguia acreditar. No dia em que a notícia foi divulgada, suspirava, indignado, em seu gabinete. Caminhava de um lado para o outro, desconsolado, e resolveu telefonar para um jornalista para desabafar.

— Estamos todos loucos! Se equivocaram e, ainda por cima, eu os adverti.

— A informação veio dos diretamente envolvidos.

— Sim, mas lhe peço que ligue também para mim nestes casos, porque estão fazendo qualquer coisa. Não me deram bola.

— Eu achei que era uma coisa que estava acertada entre vocês.

— Esta gente é muito relaxada. Você não pode dar nada por subentendido. Descontam tudo o que devem me descontar todos os meses. Estes senhores estão equivocados e eu os avisei. Assim é muito difícil.

"Vocês sabem qual é o problema? É que o presidente é anarquista, e esse é um dado que não podem incorporar à análise econômica. Não entendem", nos disse Mujica, uma semana depois. A irritação havia passado e nunca mais houve um episódio em que o vice-presidente tivesse manifestado de forma tão clara sua indignação, pelo menos não diante de jornalistas.

A verdade é que Mujica gosta muito dele. Chegou a considerar a possibilidade de apoiá-lo para sucedê-lo, mas acabou desistindo por temer que voltasse a perder as eleições.

"Pobre Danilo, não tem *sex appeal*! Está sempre a um passo de ser presidente e vai continuar ali porque não tem picardia, lhe falta malícia", nos disse em uma das muitas madrugadas de conversa. O fato de que Mujica estivesse falando de *sex appeal* era como se começasse a defender a importância da gravata.

"Ah, o senhor tem um *sex appeal* fantástico", respondemos, às gargalhadas. Sua resposta foi muito séria: "Não há nada mais atraente do que o diferente. Aí entro eu." De novo a mesma coisa, mas agora com uma definição um pouco mais glamorosa: o *sex appeal* da *ovelha negra*.

> Danilo não tem isso, é meramente racional e não chega ao coração das pessoas. As pessoas também pensam com o coração. É professor catedrático, mas não te comove, não te rouba uma lágrima. Pode ser admirado, mas não amado. Tem boa imagem, mas daí a que o amem é diferente. Coloca distância, e as pessoas intuem isso.
>
> Outro problema que tem é que fala uma linguagem que as pessoas não entendem nem por um caralho. Esse é um pecado capital quando se trata de angariar votos. É grave. Além disso, como é autossuficiente, é cruamente racionalista e a comunicação não pode deixar de ser emotiva porque, quando não é emotiva, não chega a ninguém. A política não são botões. Você tem que sair, encontrar pessoas, falar. As massas não se comunicam por Power Point, se comunicam à moda antiga.

Por isso e por outros motivos, Mujica está convencido de que Astori, assim como Vázquez, faz parte do grupo daqueles que não conseguem entender como ele se elegeu presidente. Há um problema de classes nesse preconceito, entende Mujica.

Durante os últimos anos, Mujica se dedicou a comprovar essa teoria. Trabalhou em campanhas eleitorais com os dois e sente que nesse aspecto Vázquez e Astori também são diferentes e que isso explica até onde cada um chegou.

> Tabaré se dedica; Danilo, não. Aproximam-se do seu carro e ele levanta a janela. Danilo sofreu como louco na campanha

> eleitoral que fez comigo. Uma vez quis levá-lo para mijar no meio de uma multidão, às escondidas, e ele não conseguiu. É muito formal. Vocês acham que Danilo viria para uma conversa como esta em sua casa, com vocês? Nem louco. Coloca uma barreira e é aí que se sente a distância de classe. Tabaré consegue se misturar muito mais, embora nunca se saiba o que está pensando.

No começo de 2013, um ano depois de Mujica ter feito essas reflexões, Tabaré Vázquez disse a ele e a Astori, particularmente, que voltaria a se candidatar. É óbvio que não foi uma surpresa. No mesmo dia em que assumiu, quando recebeu a faixa presidencial de Vázquez, Mujica se imaginou cinco anos depois na situação inversa; o fez por intuição, porque sempre pensou que ou Vázquez ou Astori seria o próximo candidato, mas que nunca chegaria a vez de Astori. "Danilo não aprendeu nada com as derrotas porque ele é assim. A esta altura, não vai mudar", se convence Mujica. "É provável que seja uma pessoa melhor do que Tabaré, porque às vezes Tabaré dá a impressão de que usa as pessoas. Tem alguma coisa que não me convence, mas se movimenta muito melhor do que Danilo no plano político, e o que é importante: tem coragem!".

Por isso chegou à conclusão de que era necessário apoiar Vázquez. Por isso e porque acredita, realmente, que ele é de esquerda, embora em versão mais *light*. Faz parte, na opinião de Mujica, de uma espécie de aristocracia da esquerda uruguaia, popular, mas nem tanto, com sensibilidade social, mas vinculada ao pequeno mundo das universidades. Para Mujica esses políticos são necessários, mas não estão entre seus preferidos.

Mujica chegou a receber algumas sugestões para lançar um candidato alternativo aos candidatos naturais da Frente Ampla. Avaliou a possibilidade seriamente, ficou pensando durante alguns meses e chegou à mesma conclusão: seria Vázquez ou Astori. Até o técnico da seleção uruguaia, Washington Tabárez, em pleno apogeu de sua popularidade devido aos bons resultados futebolísticos, chegou a ser cogitado pelo presidente. Era ideal para afastar os postulantes óbvios, com apoio popular assegurado. Avançou com a ideia, até que surgiu um inconveniente impossível de contornar: Tabárez não quer saber nada de política.

Boatos de denúncias envolvendo o governo de Vázquez, que prejudicariam as chances do ex-presidente de se eleger, chegavam mensalmente à Torre Executiva. Foram várias as vezes que se sentaram, no outro lado da escrivaninha de Mujica, dirigentes políticos convencidos de que o material disponível seria capaz de colocar um ponto final na carreira política de Vázquez. Mujica os ouviu, mas nunca encontrou matéria suficiente para avançar nas investigações.

No mês que Mujica assumiu a Presidência, Vázquez o visitou em sua casa de Rincón del Cerro. Ficaram conversando por mais de duas horas. Naquele momento, o tema central era o conflito entre o Uruguai e a Argentina. "Você faz o papel do bom e deixe que eu faço o do mau", disse Vázquez a Mujica. A ideia do novo presidente era tentar uma aproximação e queria deixar isso claro desde o primeiro momento ao seu antecessor.

Também conversaram um pouco sobre o futuro próximo e o distante. Não trataram das próximas eleições, mas sim da importância da tríade e da necessidade de mantê-la. "Depende de nós que as coisas continuem funcionando, por isso não vou fazer nada que foda um dos três", disse Mujica a Vázquez. E sempre cumpriu sua palavra.

Um ano depois, Vázquez participou de uma conferência para estudantes adolescentes e revelou que havia pedido ajuda aos Estados Unidos no pior momento do conflito com a Argentina, pois temia um enfrentamento bélico. Foi um deslize que gerou um terremoto político. Vázquez, Bush, Argentina, conflito armado, uma combinação que deixou Mujica sem ar; naquele momento, ele fazia uma visita oficial a vários países da Europa. Quando soube da notícia, em um velho hotel de Estocolmo, agarrou a cabeça, ergueu as sobrancelhas em sinal de desaprovação e não disse uma palavra.

"Cometeu dois erros: primeiro, pedir ajuda e, depois, revelar que o fizera", nos disse semanas depois. Também o disse a Vázquez pessoalmente. Foi visitá-lo para lhe dar sua opinião sobre o episódio e fazer uma recomendação importante: que mantivesse a discrição até que as próximas eleições se aproximassem.

> Pedi que se mantivesse calado e tranquilo. A forma de vencer a próxima eleição é ele ficar quieto. Não é hora de discutir. O melhor é que apareça alguns meses antes e se mostre como alternativa. Precisa fazer alguma coisa, mas que faça coisas pequenas, nada de muito grande. Se ele não estiver na berlinda, é o governo que será criticado. E se estiver, será ele o atingido. Deve deixar que seja eu o atingido, pois não tenho futuro. Carrego esse peso sem nenhum problema.

Não sabia se Vázquez seguiria seu conselho quando nos contou a história. Mas tinha certeza de que o ouvira com atenção e de que tinha uma "vontade enorme" de voltar a ser presidente. "Esse é um bom sinal", avaliou Mujica naquele momento. E Vázquez se manteve em silêncio até a proximidade das eleições.

Sua intenção de se candidatar se tornou pública em agosto de 2013, pouco mais de um ano antes das eleições, e não alterou significativamente a relação entre os dois. Tudo estava previsto e planejado. De qualquer maneira, Mujica teve uma nova preocupação: achava que Vázquez tinha pouca energia. E Astori também. "Vai ser uma campanha ladeira acima", nos disse antes do início das ações de convencimento.

No outro lado, a alternativa era o filho de Lacalle, seu ex-adversário nas eleições nacionais. Mujica considerava Alberto Lacalle Pou um adversário que devia ser temido. O jovem do Partido Nacional, de apenas 41 anos, se exibiu como o distinto, como a renovação para um povo mais inclinado ao diferente. Ocupou o lugar usufruído por Mujica na eleição anterior: o desafiador das tradições. Tirou a gravata, falou de inovar e surpreendeu afastando-se do politicamente correto. "Vázquez não se deu conta das mudanças, e Lacalle Pou tem muita clareza a respeito delas", nos disse.

Foi assim que esperou a contagem dos votos. Preocupado, temendo que seu partido perdesse o governo. Até chegou a pensar em renunciar alguns meses antes do fim de seu mandato para participar da campanha eleitoral de Vázquez. "Você está louco, isso não vai servir para nada", lhe repetiram as pessoas mais próximas. "Fique tranquilo, vamos ganhar", lhe dizia Lucía. Convenceram-no, mas, à medida que as semanas passavam e se aproximava a data da eleição, participava cada vez mais das discussões de doutrinação.

> A maioria dos frentistas queria que Tabaré se candidatasse e ele, percebendo, aceitou o sacrifício, entre aspas, embora não deixe de ser um sacrifício, devido ao desgaste da campanha. E, além do mais, está velho, mais do que eu. Outro dia o vi em seu acampamento, perto de Anchorena, sem maquiagem. Tabaré é daqueles que se produzem. Mas eu o vi sem nada, no meio do campo, e está velho. Psicologicamente, ele e Astori estão mais velhos do que eu. Ser jovem é ser um pouco louco, e Tabaré nunca vai cometer "uma" loucura.

Mujica sempre teve consciência dessas dificuldades, mas nunca deixou de confiar em Vázquez; critica-o, reclama por não militar mais e ter pouco conteúdo ideológico, mas o respeita. Tem o que para ele é a principal virtude de qualquer político: faro. "Um grande faro e muita rua." É capaz de perceber que as coisas não estão indo bem a tempo de corrigi-las.

Mais ainda quando o advertem. E foi o que fez Mujica, dois meses antes das eleições. Encarregou-se de reunir o triunvirato, Vázquez, Astori e ele, atendendo a pedidos por parte da Frente Ampla. "Desse jeito não chegaremos a lugar nenhum", lhes disse. "Saiam mais, aceitem convites, não deixem as pessoas esperando por vocês."

"Não se pode fazer campanha com controle remoto", recriminou-os, enérgico. Mujica de um lado e Vázquez e Astori de outro. E outra vez os três subiram no mesmo barco.

Aquilo que fora imaginado virou realidade. Mujica passou a faixa presidencial a Vázquez em 1º de março de 2015, com um índice de popularidade no Uruguai de quase de 70%. Fora das fronteiras havia se transformado em uma espécie de ícone do que se deve ser na política e essa fama não exibia sinais de esgotamento. Pelo contrário: Emir Kusturica, o famoso diretor de cinema sérvio, preparava um documentário sobre ele com um título muito eloquente: *O último herói*. O filme começava durante as últimas horas passadas por Mujica na Presidência. Entregou o poder no meio de câmeras de cinema conduzidas por um artista que o idolatra e deixando um halo de mistério sobre seu futuro político.

Nesse dia foi para casa feliz e com vontade de desfrutar o que estava por vir. Sabia que iriam sentir sua falta. Que Vázquez iria sofrer com as comparações, mas também desfrutaria de seu legado, sobretudo em nível internacional. Que na residência presidencial de Anchorena encontraria, além dos limoeiros adultos, muitas outras coisas novas. Que já não havia nenhuma possibilidade de recuar. Que, depois de uma *ovelha negra* ter passado pelo poder, nada voltaria a ser igual.

8. A raposa

Duas batidas fortes e secas na porta da cozinha quebraram o silêncio noturno. Mujica lia a uns dez metros de distância do aquecedor à lenha aceso. Estava sozinho e raramente recebia visitas depois do anoitecer. Tampouco fazia sentido que tivessem batido na porta dos fundos e não na principal, depois do posto de controle onde ficavam os responsáveis pela segurança da entrada da chácara. "É algum vizinho que está precisando de alguma coisa", pensou o presidente e se levantou com dificuldade da poltrona.

Não reconheceu a pessoa que o observava atrás do vidro retangular da parte superior da porta. Era um homem de uns quarenta anos, corpulento, com aspecto de militar. Um coronel do Exército, foi a primeira coisa em que pensou. Correu o ferrolho e o convidou a entrar e se sentar à mesa da cozinha, diante da geladeira e da pia.

Quase não trocaram palavras. Os cumprimentos de praxe e pouco mais. O visitante abriu um notebook que carregava embaixo do braço e acessou um vídeo que já havia separado. Pressionou o *play* e na tela apareceram três pessoas com uniforme militar e capuz escondendo seus rostos, sentados atrás de uma mesa e com os pavilhões pátrios do Uruguai como pano de fundo. Liam uma proclamação na qual ameaçavam juízes e promotores pelos processos que levaram à prisão oficiais por violações dos direitos humanos durante a ditadura (1973-1985) e anunciavam que providenciariam a libertação de seus "presos políticos".

Fazia pouco mais de um ano que Mujica ocupava a Presidência, e a notícia da existência desse vídeo circulava por todos os meios de comunicação, mas ele não havia visto o material. Depois da exibição, o homem fechou o computador, anunciou que enviariam uma cópia ao seu gabinete, se levantou, saudou-o e saiu pela mesma porta, que permanecera aberta. Mujica ficou sentado e sem reagir durante alguns segundos, antes de voltar a passar o ferrolho.

Foi dormir sem dizer nada a ninguém. Sua esposa estava viajando, e os responsáveis pela segurança, atentos do lado de fora, sem perceber nada. Semanas depois, nos contou o episódio com certa preocupação. Interpretou aquilo como um aviso, uma demonstração de como estava exposto em sua própria casa. Sentiu medo, mas preferiu manter o episódio em segredo para não causar um escândalo político e aumentar a segurança ao seu redor. Mas contou a um juiz quando o interrogou sobre o caso do vídeo, que já havia gerado uma investigação judicial, e lhe pediu que não divulgasse a história.

"Por que não o deteve?", perguntou o magistrado ao ouvir o relato de Mujica. "Nem louco. Vá saber quantos eram e como reagiriam", foi a resposta do presidente.

Nunca chegaram ao intruso, e Mujica continuou vivendo como se nada tivesse acontecido, mas é provável que tenha entendido a mensagem e agido em silêncio. O caso terminou sendo arquivado e sua casa recebendo muito mais visitas do que antes. De qualquer maneira, esse episódio ficou em sua memória.

— Foi brutal, fala sério. Isso não é brincadeira. Conhecem minha casa. O sujeito teve de entrar caminhando pela lateral, pelo campo.

— Não entendo por que você não contou nada.

— Não contei à segurança porque começaria a fazer mistério, me encheriam de policiais e sirenes e não poderia dormir nunca mais. Esse foi um trabalho de inteligência de milicos verdes, não azuis (policiais). Levando o vídeo à minha casa, fizeram uma exibição de eficiência, como se dissessem: "Olhe, Pepe, como é fácil." Estavam marcando terreno.

— Não é necessário conhecer bem o Uruguai para perceber que você é um alvo muito fácil, não?

— Sim, mas entrarem em sua casa à noite significa outra coisa. Eu sempre tenho uma arma bem-guardada em algum lugar, mas não sou louco. Não quero me complicar, porque, se quiserem me atingir, vão me atingir.

— Matar você deve ser mais fácil do que matar um deputado.

— Sim, mas eu digo aos meus companheiros: "Imaginem o enterro!" Uma mobilização de massas. Mataram o presidente dos Estados Unidos e não vão me matar mesmo se quiserem! É preciso admitir. Faz parte da coisa. Aqui, a mensagem que quiseram me passar é que estou ao alcance de suas mãos. O que não sabem é que isso me importa um caralho.

Esse foi um dos principais episódios ameaçadores que Mujica experimentou durante o seu mandato. Uma advertência dos militares mais conservadores que acabou ficando só nisso. Ao nos contar o episódio, suprimiu o drama, tratando-o como mera demonstração de desagrado daqueles que sempre haviam sido seus inimigos mais ferrenhos.

Os embates que o ultrajaram vieram de dentro da Frente Ampla. Isso foi o que o surpreendeu: que as emboscadas mais elaboradas tivessem partido de seus companheiros de partido. Nunca os denunciou publicamente. Em meados de 2011, ficou sabendo que estavam preparando sua sucessão sem que ele desse algum sinal de que queria renunciar. Pessoas da Frente Ampla que não gostavam dele haviam começado a espalhar um boato de que pretendia renunciar ao cargo, e diziam que seria excelente se Astori assumisse a Presidência. Previam até uma data aproximada.

Mujica fez um pronunciamento radiofônico, dizendo que o presidente era ele e que ocuparia o cargo até o último dia estabelecido pela Constituição da República. Essa reflexão chamou a nossa atenção, por seu conteúdo e virulência. Manifestamos nossa curiosidade no final de uma de nossas muitas conversas. Ficou em silêncio. Tivemos de lhe perguntar várias vezes e também não disse muita coisa.

"Estão fazendo coisas bem fodidas contra o governo", foi o pouco que soltou. Falou de um possível complô, voltou a se referir a "coisas bem fodidas" e não quis se aprofundar. "Estão tentando substituí-lo?". "Algo assim." Chegamos até aí.

Nunca mais voltou a falar do assunto. Conversamos várias vezes sobre seu futuro político, sua saúde ou a possibilidade de não terminar o mandato. Jamais se aprofundou no que aconteceu no inverno de 2011. Em resposta, o que fez foi consolidar sua figura de presidente. Armou-se de uma grossa carapaça projetando sua imagem no exterior, adquirindo uma fama internacional histórica para o Uruguai e fazendo movimentos internos para controlar os fatores de risco.

Destituiu ministros e figurões de todos os níveis, promulgou leis polêmicas, ganhou protagonismo em conflitos internacionais, recebeu refugiados sírios, aceitou albergar presos de Guantánamo acusados pelos Estados Unidos de serem terroristas árabes, e até funcionou como mensageiro entre Havana e Washington. Fez tudo isso para que não restassem dúvidas a respeito de quem era o presidente. Naturalmente, de forma desordenada e com idas e vindas: não sabia agir de outra forma.

Procurou também construir alianças com seus opositores uruguaios. "O presidente não controla de jeito nenhum todas as molas do poder", era seu argumento, tentando se precaver através de um perigoso equilíbrio. "Não se deve usar muito o telefone, nem sequer comigo", nos disse mais de uma vez na segunda metade de seu mandato, e nos chamava para conversar pessoalmente sobre os assuntos mais delicados. "Caralho, sei lá eu quem está me ouvindo! Sou apenas o presidente", se queixava.

Talvez devido a essa insegurança e pela necessidade de se sentir respaldado, Mujica tenha se aproximado da oposição, mais além dos debates óbvios. Além de lhe dar cargos na direção de empresas públicas, ouviu suas propostas e tentou contemplar algumas. "Preciso da oposição tanto quanto de pão, trato-a com gentileza", nos confessou no início de seu mandato.

Contou com o apoio de políticos brancos e colorados para aprovar algumas leis importantes, como o registro nacional único de veículos e a criação de uma nova universidade pública no interior do país. Mais do que votos, buscava a tranquilidade.

Fez algo parecido com as Forças Armadas. Sempre soube que a maioria dos militares não votava nele, mas não tentou enfrentá-los, por achar que são muito importantes para a manutenção do poder. Procurou convencê-los. Foi acusado de adotar uma política semelhante à de Hugo Chávez na Venezuela, que transformou as Forças Armadas em defensoras de seu regime.

> Que porra! Estão criando rumores de que nós estamos metendo gente lá, como Chávez fez na Venezuela. Quem me dera! Gostaria muito de poder fazer política no Exército, mas não tenho tropa. Não estamos enfiando gente de esquerda nas Forças Armadas porque ninguém iria. Esse é o problema.
>
> No entanto, respeitam Ñato e a mim também. Somos tupamaros, temos uma relação de anos. E nós os respeitamos muito. Eu sempre digo: a sociedade e o governo precisam dos militares. Você diz aos milicos e os milicos cumprem. Me lembro de quando mandei tirar as pessoas das ruas. O pessoal do Ministério de Desenvolvimento tinha restrições, não queria, e havia um coronel que dizia: "Como não faremos isso se quem mandou foi o presidente?".
>
> Por isso abri os quartéis para eles e começaram a fazer mais coisas. É necessário que se reconciliem com a gente. Não podemos passar a esta geração a conta de outra. Assim não ganhamos continuidade. Tratei de envolvê-los em várias grandes confusões para que entendam que são importantes. Quando tive problemas com a distribuição de combustível,

> por exemplo, recorri a eles. Foi assim que começaram a destruir Allende no Chile. Jamais vou permitir que o país fique sem combustível.

Em 2013, Lacalle, preocupado, informou a Mujica que a Polícia tinha a intenção de comprar mil fuzis. "É muito poder para a Polícia", advertiu-o. Mujica tomou nota e resolveu destinar metade das armas aos militares. "Uma sinalização interna", argumentou. Nunca concretizou a ideia, porque a Polícia acabou comprando apenas 150 fuzis. Mas já havia resolvido beneficiar as Forças Armadas.

Nessa conversa, Lacalle recordou que quando era presidente enfrentou uma greve policial de semanas que o deixou em péssima situação. "Por isso é preciso ter cuidado com os policiais", lhe disse. Mujica respondeu algo e depois se encarregou de fazer com que os militares e policiais ficassem sabendo o que dissera. "Se os policiais fizerem uma greve como a que aconteceu em seu governo, não vai durar nem um dia: coloco o Exército nas ruas."

Para o cargo de ministro do Interior, responsável pela Polícia, Mujica designou seu amigo Bicho Bonomi, um ex-guerrilheiro que compartilha com ele os mesmos princípios. "É alguém muito importante para mim e por isso o coloquei em um lugar chave", foi sua justificativa. "A Polícia não perde uma bandalha", disse Mujica. E alguém com o perfil de Bonomi, que "trabalha como louco e não se casa com ninguém", era quem poderia começar a limpeza. Ele fez alguma coisa, avaliou Mujica no final de seu governo, "embora ainda falte muito".

Nessa estratégia de gerar certezas para obter continuidade, Mujica tampouco se opôs seriamente com os grandes capitalistas nem com os meios de comunicação de massa, como a televisão. Não adotou o caminho seguido por alguns de seus colegas da América Latina, como Hugo Chávez, Evo Morales e Rafael Correa. Quando passou a faixa presidencial ao seu sucessor, os três principais canais de televisão aberta eram os mesmos de quando assumira a Presidência. E nenhum investidor importante para o Uruguai resolveu abandonar seus negócios devido ao governo de Mujica. Todos confiaram nele, pois, em vez de expropriar seus negócios como aconteceu em outros lugares do continente, usou a "tática da sífilis" como forma de mantê-los.

> Com as sociedades anônimas, a exemplo do que faço com os grandes capitalistas, uso a tática da sífilis. A sífilis não mata a vítima porque, se o fizer, ficará sem ter onde comer. Se lhes tirar tudo ou afugentá-los do Uruguai, não haverá ninguém para investir dinheiro. E quem me diz que nós vamos administrar melhor essas coisas do que eles? Veja o que aconteceu na Venezuela. Expropriaram tudo e agora estão em uma situação pior. Não me fodaaaa.

Com os três canais uruguaios de televisão aberta teve uma relação que oscilou entre o amor e o ódio. Sempre os considerou opositores da sua chegada ao poder, mas manteve um diálogo bastante fluido com jornalistas e acumulou minutos nos noticiários. Poucas vezes se recusou a atender a um pedido de entrevista. Sabia que a maioria da população vê televisão e tentou aproveitar isso.

Enfrentou um dilema importante acerca do que fazer com a concessão dos canais comerciais de televisão. Pediam-lhe que interviesse, que afastasse os donos que haviam se mantido por décadas, que desse um golpe. Não o fez. Adicionou dois novos canais para aumentar a concorrência, entre outras coisas. Pensou muito e concluiu que esse era o melhor caminho. "Por mais que digam o que dizem, vejam que eu faço as coisas por algum motivo, não sou um presidente que não faz nada", se justificou na intimidade diante das críticas.

> Me meti em uma enorme confusão com a lei dos meios de comunicação. O problema é que o bolo publicitário é o mesmo e, se eu dividi-lo muito, acabarei fodendo todo mundo. A esquerda me pede que mate as famílias proprietárias dos canais

de televisão. Mas como vou fazer para matá-las? E quem virá depois? Preciso pensar muito nisso.

Eu sei o que essas famílias fizeram, mas tampouco posso abrir as portas para os canais de fora. Os daqui são ruins, mas pelo menos são daqui. Onde você abrir uma porta, penetrarão estrangeiros por todos os lados. Minha ideia é ter nossos oligarcas. É possível que, se lhes dermos uma concessão, depois a vendam ao *Clarín*, ao *Globo*, ao mexicano *Slim* ou a quem quer que seja. Não quero que eles dominem a coisa.

Assim, permiti o funcionamento de dois novos canais locais e aumentei a concorrência. Não devem estar nem um pouco felizes, mas a tarefa de governar implica ter amigos e inimigos.

Nessa administração dos equilíbrios ao redor do poder Mujica também foi especialmente cuidadoso na hora em que teve de despedir alguns dos figurões de seu governo. Planejou com antecedência as demissões, meditou durante semanas e, às vezes, meses. Os destituídos não foram muitos e procurou fazer com que as mudanças fossem mais do que justificadas.

"Tem dificuldade de cortar cabeças. Sente um pouco de culpa, não é um bom cirurgião", nos disse uma das pessoas que trabalhou ao seu lado durante os cinco anos de governo. Mais da metade dos figurões substituídos foram de seu próprio setor político. Isso também prova que teve dificuldades de se meter com o alheio. Por medo, por cuidado, pelo motivo que fosse, a verdade é que o fez muito poucas vezes.

Um exemplo de seu procedimento em relação a estas questões foi quando, em abril de 2011, na residência de Anchorena, nos relatou uma série de irregularidades que estavam acontecendo nos hospitais públicos. Funcionários que batiam o cartão de ponto e não trabalhavam, sindicalistas que privilegiavam seus amigos nas licitações, de tudo um pouco. Nada de provas concretas, mas os informantes de Mujica eram confiáveis. No entanto, levou um ano para despedir alguns desses figurões e os problemas se arrastaram durante mais da metade de seu governo.

Sua justificativa pela demora para destituir aqueles que não atingiam os resultados esperados era seu próprio partido político, a Frente Ampla, e os equilíbrios internos. "Isso aqui deveria ser semelhante ao que acontece com um técnico de futebol: aquele que não tem bons resultados é mandado embora e nem chia", dizia.

No entanto, é verdade que nunca escondeu suas intenções. Muitos dirigentes ficaram sabendo pelos meios de comunicação que o presidente pretendia substituí-los. Isso aconteceu com os dois principais da educação pública e também com alguns ministros. Impulsivo e um tanto desrespeitoso, nunca mudou sua forma de proceder. Depois se reunia com os envolvidos ou se encarregava de escrever pessoalmente comunicados ou de convocar entrevistas coletivas para defendê-los ou demiti-los. Ninguém estava inteiramente seguro.

Em um dos momentos de maior tensão com a Argentina, quando tinha de resolver se autorizaria a empresa finlandesa de pasta de celulose UPM a aumentar sua produção, por mais que o governo de Cristina Fernández de Kirchner se opusesse radicalmente, convocou ao seu gabinete do décimo primeiro andar da Torre Executiva parte da cúpula de seu governo: o chanceler Luis Almagro, o vice-chanceler Luis Porto, o secretário da Presidência Homero Guerrero, o subsecretário Diego Cánepa e o embaixador do Uruguai na Argentina, Guillermo Pomi. Queria ouvir a opinião de todos. Depois de uma rodada completa, na qual apenas Cánepa foi favorável a autorizar a empresa estrangeira imediatamente, sem esperar as eleições que aconteceriam dois meses depois na Argentina, Mujica gritou: "Estão todos despedidos, não quero vê-los mais!". Alguns sorriram e então o presidente repetiu o que dissera, mas com mais força.

Os figurões se levantaram ao mesmo tempo e se dirigiram à outra ponta do décimo primeiro andar, onde ficava a sala de Cánepa. "Temos de começar a redigir nossas renúncias", disse um deles. Todos concordaram. Depois vieram as especulações sobre os motivos de uma medida tão drástica. "É um sinal para a Argentina", disse alguém. "Quer reorganizar seu Gabinete na última fase do governo", especulou outro.

"O presidente está chamando os senhores", lhes informou María Minacapilli, a secretária de Mujica, quando já haviam se passado quarenta minutos. Voltaram a entrar em sua sala. O presidente estava lendo uns papéis e mal levantou a vista. "Já autorizei. Voltem para suas coisas", foi a única coisa que Mujica lhes disse, com um sorriso. Depois se encarregou pessoalmente de comunicar a decisão favorável à empresa UPM a Cristina Kirchner, durante uma visita ao porto de Buenos Aires.

Assumir o protagonismo individual nas questões internacionais foi outra das armas usadas por Mujica para lutar contra aqueles que queriam enfraquecê-lo. Depois de seu discurso na reunião do grupo Rio+20, em junho de 2010, no Brasil, Mujica se deu conta de que o mundo precisava de líderes que dissessem coisas diferentes, em um momento de desvalorização da política, e ocupou rapidamente esse lugar.

Julian Assange, fundador da WikiLeaks, escolheu cinco órgãos de imprensa quando resolveu divulgar o conteúdo dos arquivos diplomáticos secretos dos Estados Unidos, aos quais tivera acesso: *El País,* da Espanha, *Le Monde Diplomatique,* da França, *The Guardian,* da Inglaterra, *The New York Times,* dos Estados Unidos, e *Der Spiegel,* da Alemanha. Optou por eles, depois de uma longa análise, devido à sua circulação e ao prestígio internacional. E escolheu bem. Suas revelações chegaram até o último rincão do planeta.

Além do WikiLeaks, esses cinco jornais têm algo mais em comum: todos fizeram entrevistas e reportagens sobre *o presidente mais pobre do mundo.* Também falaram de Mujica outros que não foram incluídos na lista de Assange, com igual ou maior prestígio mundial, como a revista inglesa *The Economist,* o jornal norte-americano *The Washington Post,* os italianos *Corriere della Sera* e *La Repubblica* e o canal inglês de notícias *BBC,* que foi um dos primeiros a visitá-lo em sua chácara de Rincón del Cerro e mostrá-lo na intimidade, atraindo a audiência de centenas de milhares de pessoas ao redor do mundo.

Foi seguido pela alemã Deutsche Welle e a norte-americana CNN, mas também estiveram no Uruguai para entrevistá-lo canais chineses, coreanos, árabes, russos e australianos. Assim foi crescendo a fama internacional do Uruguai e de seu presidente. A revista norte-americana *Time* o incluiu na lista das 100 personalidades mais influentes de 2013, e a *The Economist* coroou o Uruguai como o país de mais destaque desse ano.

Mujica usou essa vitrine internacional a seu favor. Elaborou um programa de trabalho e destinou, durante os últimos anos de seu governo, em um momento em que todos estavam atrás da *ovelha negra*, quase todas as manhãs das quartas-feiras para dar entrevistas a jornalistas estrangeiros. Quase sempre os recebia em sua casa, com a cadela Manuela por perto, com direito a uma visita às instalações.

— Você está aproveitando a fama como um louco.

— Sou um bicho muito estranho internacionalmente e tenho consciência disso. Tento me aproveitar desse fato, trazer benefícios para o Uruguai. Agora, em todas as reuniões de cúpula, o discurso mais esperado é o meu.

— A verdade é que não há muito a esperar dos outros.

— Quando você lê um bom livro, a aventura começa depois que é fechado, porque há uma parte que você colocou, e que o leva a pensar. Acontece a mesma coisa com os discursos. O problema é quando você está pensando a que horas esta porra termina, porque não estão lhe dizendo nada. Por obrigação não funciona. O silêncio é conquistado, não é presenteado. Trate de coisas com conteúdo e vai ver que lhe darão bola e vão entendê-lo. Mas quando você fala só por falar, as pessoas não o ouvem. Se não sabe alguma coisa, não fale. É falar só para dizer besteira.

— O que é falar? Você fala em todos os cantos. Já deu mais de cem entrevistas a veículos estrangeiros, não?

— Sim, dou uma entrevista por semana e tenho duzentas solicitações para os últimos meses de governo. É surreal. O fato aí é que as coisas têm que ter um pouquinho de charme. Eu me coloco do lado do jornalista. Sempre fiz essas coisas. Mas há pessoas que não conseguem entendê-lo ou que não conseguem dar conteúdo a nada.

— Em todas as matérias o colocaram lá em cima. Como você convive com isso?

— Não me considero um gênio ou coisa que o valha. Se desse bola ao que dizem, ninguém me suportaria. Para mim, a genialidade é 90% de suor. O que lhe dá mais sabedoria é viver com toda vontade e dizer o que pensa. São muito poucos os políticos que agem assim. Às vezes é muito incômodo, mas posso lhes assegurar que os resultados são excelentes.

Primeiro foram as condições em que vive e como se veste, sua forma de exercer o poder, sua filosofia e suas opiniões politicamente incorretas sobre temas de interesse mundial. Quando isso já estava se esgotando, surgiu um novo ímã para os meios internacionais: as leis sociais, como a descriminalização do aborto, a liberação do casamento homossexual, a regulamentação pelo Estado do mercado da maconha.

Mujica imaginou que a questão da maconha teria impacto mundial, embora não tanto. Aí sim, quando chegou o momento, subiu ao palco e se postou sob a luz dos holofotes para que todos o vissem. Conduziu, outra vez, a situação como um especialista em opinião pública e conseguiu superar até suas próprias expectativas. Agências internacionais, como a francesa AFP, disseram que, com seu estilo de vida e medidas como a da maconha, Mujica havia conseguido colocar o Uruguai no mapa mundial.

A ironia de tudo isso é que a regulamentação da maconha por parte do Estado não era uma coisa que o interessasse especialmente no início de seu mandato. Em abril de 2011, durante um almoço que tivemos com ele na residência de Anchorena, minimizou a importância daqueles que cultivavam pés de maconha para consumo próprio. "Vejam que discussão interessante: ter seis ou oito pés? Certamente aí está o futuro", brincou.

A maconha não passou de uma história distante na vida de Mujica. Jamais a provou nem tampouco cresceu na época do auge do narcotráfico e da diversificação das drogas. Mas sabe ouvir, essa é uma de suas principais virtudes. Com o passar dos meses, convenceram-no de que o tema era importante e de alto impacto. Por isso o aceitou e tornou-o seu. O impacto sempre foi uma de suas táticas preferidas.

> Para mim, as questões do casamento igualitário e da maconha não são centrais. A agenda são os ricos e os pobres. Os negros e os homossexuais que têm problemas são pobres. É preciso colocar no centro aqueles que estão no fundo do tacho.
>
> Mas, de qualquer forma, são dados da realidade. Uma virtude do político é saber interpretar os tempos e eu os interpreto com base na liberdade. Nós somos seriamente liberais. O liberalismo e o anarquismo são primos-irmãos. E eu quero que o Uruguai se assemelhe ao que foi historicamente: um país de vanguarda. Por isso defendo todas estas reformas sociais.

A liberação do casamento dos homossexuais e a legalização do aborto foram iniciativas apresentadas pela bancada do governo, que o setor político de Mujica acompanhou e o presidente aplaudiu. Mas a questão da maconha foi diferente. O projeto teve a assinatura do presidente, que resolveu passar da brincadeira à ação.

O homem fundamental nessa mudança de postura foi seu amigo Ñato Fernández Huidobro; convenceu-o da importância de promover uma mudança no combate ao narcotráfico diante dos péssimos resultados obtidos até então. Aconteceu em meados de 2012, uma época em que os delitos aumentavam. O ponto de quebra foi o assassinato a sangue-frio do funcionário de uma pizzaria cometido por um menor. O crime foi registrado pelas câmeras de segurança e transmitido por todos os canais de televisão. Os uruguaios estavam indignados. Era necessário fazer alguma coisa.

E assim surgiu o projeto de regulamentação da maconha, no meio de outras medidas destinadas a combater a insegurança. Eram seis, mas a regulamentação do mercado da *cannabis* é a única que todos recordam e que percorreu o mundo.

> A questão da maconha arrebentou em nível internacional. Não sei se terá resultados, mas o problema é que o que fizemos até agora contra o narcotráfico não serve. Vamos mudar de literatura porque assim a coisa não anda. Temos de ser realistas: é uma questão econômica. O narcotráfico destruiu os códigos e destroçou a cultura delitiva. Eu estive preso em Punta Carretas e convivi com delinquentes, e dizer que os delinquentes de antes não tinham valores não é correto.
>
> A pior droga é o negócio. Não me importa sustentar 50 mil viciados doentes; o problema é sustentar o narcotráfico. Estão destruindo muitas coisas na sociedade. E o narcotráfico vive e fatura também graças à repressão. Essa é a lógica que deve ser mudada.

Como sustentação teórica, Mujica recorreu a Milton Friedman, um dos principais defensores do livre mercado e do liberalismo econômico. Friedman, o mesmo que representou durante anos o que Mujica combateu até com armas e que foi suporte econômico dos militares. Friedman foi quem melhor explicou, no começo dos anos 1980, os benefícios da liberalização das drogas.

> É preciso roubar o mercado das drogas, dizia Friedman. Só assim você liquidará os narcotraficantes. No fundo, foi Friedman quem antecipou tudo isso. É incrível como a História gera essas coincidências. Ele foi o primeiro a perceber que a

> questão das drogas era econômica. O risco é muito alto e por isso, em cada uma das etapas do narcotráfico, os lucros são brutais. Aí estão presentes as leis básicas da economia: mais risco, mais lucro. As enormes taxas de lucro geram suborno e corrupção. Em muitos países, compraram juízes e generais e elegeram presidentes. Também existe o acerto de contas. Não se procura um advogado para litigar: resolve-se à bala.
>
> Além disso, quando se entra nesse mundo, dificilmente se sai. Começa a gerar uma série de pactos de silêncio e conchavos. O narcotráfico é muito pior do que a droga. Os presídios de todo o mundo estão cheios de narcotraficantes. No Uruguai, um de cada três presos tem relações com as drogas. Para combater a violência e o delito, é necessário, primeiro, encontrar uma solução para o narcotráfico.

O Parlamento modificou o projeto original do Poder Executivo e Mujica não concordou com os resultados. "O que estão votando é muito sonhador", nos disse na própria manhã em que a Câmara dos Deputados estava sancionando a lei sobre a maconha. "Regulamentar é regulamentar a sério."

Por isso preparou uma regulamentação da norma muito restritiva. Dava a sensação de que não estava convencido do passo que estava dando. "É uma experiência", repetia em todos os lugares. Pensava e pensava e até considerou a possibilidade de colocar os militares para fazer o trabalho de cultivo e armazenagem, para demonstrar seriedade. Não o fez, mas avisou até a exaustão que o que havia sido aprovado não era um "oba-oba".

Vários países do mundo começaram a se interessar pelo que estava acontecendo no Uruguai. Além de jornalistas, Mujica recebia consultas de governantes de outros continentes. "O mundo caminha na direção do que o Uruguai está fazendo", concluiu perto do final de seu mandato. Seu prognóstico foi uma humanidade com drogas regulamentadas em menos de meio século.

A História dirá. Se a profecia for cumprida, será mais uma condecoração para a *ovelha negra*.

Mujica também recorreu à sua fama internacional para se oferecer como mediador de conflitos continentais. Trabalhou insistentemente com o objetivo de assumir uma liderança regional.

Começou a concretizar esse caminho em Cuba, durante uma visita oficial em julho de 2013. Já havia iniciado sua tarefa de chanceler das boas intenções alguns meses antes, ao visitar o Papa Francisco no Vaticano e lhe pedir que trabalhasse pela paz na Colômbia, mas durante a viagem que fez a Havana manteve, em segredo, uma reunião com representantes das Forças Armadas Revolucionárias da Colômbia (FARC), que estavam negociando na capital cubana uma trégua com o governo de seu país, encabeçado por Juan Manuel Santos.

Nós estávamos lá, diante da porta da residência temporária de Mujica em Havana, e vimos os líderes guerrilheiros chegando. Um golpe de sorte, não conseguíamos acreditar. Seu assessor de imprensa, Joaquín Constanzo, nos disse que a intenção do presidente era não divulgar o encontro. Muito tarde. Ao voltar a Montevidéu, Mujica nos convocou à sua chácara e nos disse: “Se viram, publiquem, mas que fique claro que não fui eu quem lhes deu a informação.” Ainda precisava conversar com Santos e por isso preferia que a mediação fosse mantida em segredo. Santos se reuniu com ele alguns meses depois, em Nova York, e lhe agradeceu sua atitude. Depois Mujica voltou a se reunir com os guerrilheiros em Havana e, semanas depois, novamente com Santos, durante uma reunião de cúpula presidencial em Brasília. Tentou convencer os comandantes da guerrilha que um acordo de paz seria o caminho mais benéfico para eles. “Eu estou aqui por ter cedido a tempo”, argumentou. Também houve várias reuniões secretas entre o embaixador uruguaio em Havana, representantes das FARC, que negociavam com o governo colombiano nessa cidade, e outros emissários.

Graças à mediação com os colombianos, Mujica assumiu a posição de líder regional. "Uma jogada bem tupamara", nos disse um de seus irmãos de armas dos anos 1960. Assim surgiram outras possibilidades em nível internacional e uma importante aproximação com os Estados Unidos.

Meses depois, Mujica se ofereceu para participar como mediador na Venezuela, no pior momento das relações entre o governo de Nicolás Maduro e a oposição, mas não lhe permitiram. Maduro entendia que, se aceitasse, legitimaria a oposição e Mujica ficaria neutro, quando preferia tê-lo ao seu lado. Mandou que lhe comunicassem a decisão expressamente, coisa que foi feita por seu chanceler, Elías Jauá, que viajou a Montevidéu para explicar as razões pelas quais o governo venezuelano não aceitaria a mediação.

Sua maior aposta foi aproximar Cuba dos Estados Unidos. Viu que, depois de cinquenta anos de enfrentamentos, isso seria possível. Viu ou o fizeram ver. Quando, em julho de 2013, visitou Fidel Castro em sua casa, os dois analisaram essa possibilidade. Mujica se deu conta de que os irmãos Castro estavam mais propensos a um acordo com os norte-americanos. O regime comunista da ilha caribenha estava muito deteriorado e cada vez mais solitário. Procurar se aproximar do mundo exterior era uma saída possível.

"Este é o momento", pensou. E assim começou a preparar uma viagem a Washington para se reunir com o presidente Barack Obama em seu gabinete. Um ex-guerrilheiro latino-americano no Salão Oval da Casa Branca, o primeiro da história: que melhor oportunidade do que essa para tentar fazer algo importante? Além disso, contava com a vantagem de que Obama o considerava uma referência regional.

Mujica visitou-o em maio de 2014 e, alguns meses antes, resolveu, a pedido dos Estados Unidos, receber no Uruguai seis detentos do presídio de Guantánamo, um centro de reclusão norte-americano em solo cubano onde estão presos acusados de fazer parte de grupos terroristas. A penitenciária fora criada por George W. Bush e Obama queria fechá-la.

Aceitou a proposta depois de enviar pessoas de sua confiança para visitar o presídio. Demorou algumas semanas para dar uma resposta positiva aos

Estados Unidos, embora, desde o primeiro momento, soubesse que o faria. Ao justificar sua resposta, argumentou com motivos humanitários e recordou seu passado de presidiário. O lance era muito mais ambicioso.

> Obama está desesperado com a questão de Guantánamo e merece ajuda. Como alguém que passou quatorze anos em cana, obviamente sem motivo, eu seria um filho da puta se não o ajudasse. Bush chegou a pagar milhares de dólares a quem entregasse supostos terroristas. No Paquistão e por aqueles lados venderam até a mãe e todos foram enviados para Guantánamo. É preciso tirar aqueles sujeitos de lá. A única pessoa que consultei foi Raúl Castro e ele me orientou que seguisse em frente. Vou aceitar sem pedir nada em troca, mas vou mandar uma mensagem dizendo que seria bom que se lembrasse dos cubanos e flexibilizasse um pouco a coisa.

A história de Guantánamo foi uma bomba jornalística que Mujica nos antecipou em uma de nossas conversas, pouco antes de terminar a segunda garrafa de vinho e perto da meia-noite. A excitação nos deixou sóbrios. Sorrimos satisfeitos ao imaginar o que viria. Foi difícil fazer com que contasse algo além da manchete. Insistimos uma, duas, três vezes, mas em vão. Ficou em silêncio. Mudou de assunto e se serviu outra taça. Retomamos imediatamente o tema e voltou a se esquivar.

— Investiguem, é para isso que são jornalistas.

— Mas essa coisa de Guantánamo já é um fato?

— Averiguem. Está perto de se concretizar, e há pessoas dos governos que estão informadas.

— E a história de Cuba?

— Isso vai ficar para os livros de História.

Confirmamos a informação sobre Guantánamo e a publicamos poucos dias depois. Quanto à história de Cuba, soubemos que Obama lhe dissera que estava disposto a conversar com Raúl Castro e que ele transmitira isso ao presidente cubano. "Diga ao seu amigo que este é o momento de tentar um acordo", dissera Obama a Mujica no Salão Oval da Casa Branca. Semanas depois, Mujica informou isso pessoalmente a Castro, quando se encontraram em uma reunião de cúpula em Santa Cruz de la Sierra, Bolívia. Em 17 de dezembro de 2014, Obama e Castro anunciaram publicamente o restabelecimento das relações diplomáticas entre os Estados Unidos e Cuba, depois de mais de meio século de ruptura. Mujica recebeu agradecimentos dos dois governos e divulgou sua contribuição ao processo de paz. Sobre se desempenhou um papel central ou secundário, pouco se soube.

O que se disse foi que, ao adotar a postura de mediador, Mujica estava tentando que lhe dessem o Prêmio Nobel da Paz.

> Existe um raciocínio rebuscado de que tudo o que se faz é por uma finalidade extra e não por convencimento íntimo de que algo deve ser feito. Todas as coisas são interpretadas como fatos pré-fabricados, e não se entendem os princípios de que a paz é sempre benéfica, de que se deve negociar para atingi-la, de que diminuir as tensões deve ser a linha geral e também o diálogo permanente, sobretudo com os fortes. Não é pragmatismo, mas um caminho taticamente mais suave, para não se isolar e poder somar forças em relação ao estratégico.

Foi indicado duas vezes ao Prêmio Nobel, em 2013 e 2014. No primeiro ano, a indicação foi de Mikhail Gorbachev e, no segundo, quando sua projeção era muito maior, de vários políticos e acadêmicos de diversos países. Foram seus dois anos mais intensos em nível internacional.

A princípio não deu maior importância à possibilidade de conquistar o prêmio: achou que era uma coisa impossível. No entanto, em 2013 ficou entre os dez finalistas e teve uma grata surpresa. No segundo ano, muitos já falavam dele como possível vencedor. Até a BBC londrina divulgou um artigo com o título "Um Prêmio Nobel da Paz para Mujica", quatro meses antes que se soubesse quem fora o vencedor.

Semanas antes que se tornasse publicamente conhecido o eleito pelo Comitê Nobel de Oslo, Mujica anunciou que havia pensado em renunciar ao prêmio se viesse a vencer. Antes, apenas o filósofo francês Jean-Paul Sartre e o ex-primeiro ministro vietnamita Le Duc Tho haviam se recusado a recebê-lo. Ele sabia disso e lhe interessava ser o terceiro. "O mundo não está para prêmios pela paz", foi seu argumento. "Já sabia que não ia ganhar", questionaram seus opositores. "Não venceu por isso", argumentaram seus fiéis. O que restou foi a dúvida, um ingrediente que Mujica sempre usou em seus melhores lances.

9. A testemunha

George W. Bush é como um grande painel de néon em qualquer publicação a respeito da História recente. Mais odiado do que amado, especialmente na América Latina, no Oriente Médio e em parte da Europa, nunca passa despercebido. Comparado ao diabo por alguns ou a um messias que distinguiu os bons dos maus por outros, foi protagonista dos turbulentos primeiros anos do século XXI.

Em um de seus momentos de maior exposição internacional, tendo o venezuelano Hugo Chávez como seu inimigo mais radical na América Latina, Bush visitou o Uruguai por dois dias com uma importante comitiva de seu governo. O presidente era Tabaré Vázquez, que o recebeu na residência de Anchorena, acompanhado de seus principais ministros. Mujica, à frente do Ministério da Pecuária, Agricultura e Pesca, integrava o comitê de boas-vindas.

Quando o presidente norte-americano chegou a Anchorena, Vázquez aguardava, ao lado de alguns membros de gabinete, em pé, diante da porta principal da residência. Bush primeiro deu um abraço em Vázquez, batendo em suas costas, e depois se aproximou de Mujica, que estava a poucos metros de distância. Ao se aproximar de seu rosto, segurou-o pelas bochechas e agradeceu sua presença, cochichando em seu ouvido, recordando-lhe seu passado de guerrilheiro. Mujica sorriu.

Depois do encontro foi para sua chácara de Rincón del Cerro e recebeu as emissoras de televisão, que o filmaram conduzindo seu trator, com expressão consternada. Definiu o encontro com Bush como "um trago amargo" embora necessário, com o objetivo de não se afastar muito dos setores mais esquerdistas, que seriam seus aliados nas próximas eleições.

Mas gravou o gesto de Bush. Chamou sua atenção que toda a delegação norte-americana conhecesse sua vida. "Sabiam tudo, até que poderia chegar a ser o próximo presidente", nos disse anos depois daquele almoço, que até gerou protestos protagonizados por Chávez e Evo Morales em Buenos Aires. Também surpreendeu-o um detalhe que para ele não era insignificante: que Bush não tivesse acompanhado com uma taça de vinho o cordeirinho de cabeça preta que fazia parte do cardápio. "Comeu a carne com Coca-Cola! Inacreditável", se queixou, talvez sem saber que o então presidente dos Estados Unidos era alcoólatra.

O interesse por Mujica fora das fronteiras do Uruguai, que Bush havia deixado patente, tornou-se maior quando se elegeu presidente. Durante os cinco anos em que ocupou o posto, se transformou em confidente dos líderes regionais e compartilhou a mesa com as principais figuras mundiais.

Apenas em 2013 e 2014, esteve com o Papa Francisco, Barack Obama, Vladimir Putin, Xi Jinping, Fidel Castro e outros líderes da América Latina. Em nenhuma das ocasiões faltaram confidências, sessões de fotos e bajulações. Não foi apenas mais um presidente na lista de saudações oficiais, apesar de pertencer a um país com apenas três milhões de habitantes e menor do que uma província média argentina ou um estado brasileiro.

Talvez esta pequenez tenha jogado a seu favor. Muitas vezes funcionou como uma pequena trégua que alguns dos responsáveis pelas grandes potências desejavam ter no meio do caminho. Ofereceu seu ouvido e seu conselho a todos eles e compreendeu dessa forma como é complicado governar milhões de pessoas em momentos de tensões constantes, sem sequer uma "guerra fria" para organizar um pouco a disputa.

Chávez, um dos líderes regionais mais próximos de Mujica, lhe contou que quando a Venezuela teve um conflito sério com os colombianos por uma disputa de fronteira, Putin se ofereceu para ajudá-lo.

A Rússia era um dos principais fornecedores de armas da Venezuela e Putin detalhou a Chávez todo o arsenal com que contavam os colombianos, especialmente os mais de duzentos helicópteros de guerra, e qual era a melhor forma de enfrentá-los. "Conte com meu assessoramento para o que for necessário", lhe disse e ato contínuo recomendou as aquisições que o governo venezuelano deveria fazer para um eventual conflito armado, que acabou não acontecendo.

Putin conhecia em detalhe quais eram os possíveis aliados de Chávez, a proximidade da Colômbia com os Estados Unidos e o que um enfrentamento entre os dois países poderia gerar no continente e no mundo. "Os serviços russos são dos melhores do mundo e estão interessados na América Latina", nos contou Mujica anos depois, ainda surpreso.

E para entender como deveria lidar com essa projeção mundial e com a importância estratégica da América Latina, sempre recorreu a outro de seus grandes amigos na política internacional: Luiz Inácio Lula da Silva. Ele foi um modelo, um de seus faróis.

Mujica considera o Brasil o país mais importante da América do Sul, com características continentais. Sua opinião é de que deveria estar na vanguarda e liderar a união regional. Governar esse gigante é uma tarefa digna de ser observada com atenção.

O Brasil é, além disso, um país onde a corrupção está incorporada. Sempre foi assim, por mais que mudem os partidos no poder. Nenhum conseguiu acabar com certos políticos e empresários que agem com base nessas práticas. As denúncias mancharam todos os governos, inclusive os de Lula e Dilma Rousseff, que tiveram de substituir vários ministros por esse motivo.

Lula teve de enfrentar um dos maiores escândalos da história recente do Brasil: o *mensalão,* uma mensalidade que alguns parlamentares recebiam para aprovar os projetos mais importantes do Poder Executivo. Compra de votos, um dos mecanismos mais antigos da política. Até José Dirceu, um dos principais assessores de Lula, acabou sendo processado por esse caso.

"Lula não é um corrupto como foi, sim, Collor de Mello e outros ex-presidentes brasileiros", nos disse Mujica ao se referir ao caso. Contou, também, que Lula viveu todo esse episódio com angústia e com um pouco de culpa. "Neste mundo, tive de lidar com muitas coisas imorais, chantagens", disse Lula, pesaroso, a Mujica e Astori, umas semanas antes de assumirem o governo do Uruguai. "Essa era a única forma de governar o Brasil", se justificou. Haviam ido visitá-lo em Brasília, e Lula sentiu necessidade de esclarecer a situação. "O *mensalão* também é este país, tudo é grande", refletiu.

"O *mensalão* é mais velho do que a cuia do mate", diz Mujica. Grandes políticos da História tiveram de recorrer a mecanismos semelhantes. "Às vezes, esse é o preço infame das grandes obras", argumentou, recordando Abraham Lincoln, justo na época em que havia estreado o filme de Steven Spielberg sobre a vida do presidente norte-americano, que retratava a troca de favores com os deputados para aprovação de seus projetos.

Lula é uma figura recorrente nas conversas com Mujica, que o admira profundamente. "Um baixinho bárbaro", é sua definição do primeiro presidente brasileiro do Partido dos Trabalhadores. Durante os cinco anos em que Mujica foi chefe de Estado, Lula sempre esteve pronto para oferecer ou pedir um conselho.

Foi assim que Mujica soube que Dilma Rousseff seria a candidata de Lula muito antes de a informação ter se tornado pública. E também que depois apoiaria sua reeleição. Entendeu perfeitamente a jogada. Lula preferia ser o poder nas sombras e, depois do *mensalão,* não ficar excessivamente exposto.

"Ele inventou Dilma", recorda Mujica e desenvolve suas ideias sobre a importância regional do Brasil. Falar de Brasil com Mujica é abrir uma porta por onde vão entrar longas reflexões sobre o futuro do mundo e o posicionamento internacional do Uruguai.

E, para Mujica, Dilma tem uma condição importante para levar seu país adiante: é excelente administradora e melhor técnica do que Lula. No primeiro encontro que tiveram, Dilma lhe disse que os dois deveriam conversar a cada três ou quatro meses para acelerar os acordos bilaterais. Suas prioridades em termos de ajuda externa eram Cuba e o Uruguai, e disse isso aos presidentes dos dois países.

Mujica recorda que, na metade de seu governo, o Uruguai tinha problemas para acertar um intercâmbio energético com o Brasil. Haviam chegado a um acordo político, mas os técnicos resistiam. "É tudo burocracia", queixou-se Lula, e recomendou que conversasse com Dilma. A presidente brasileira aproveitou uma visita de Mujica ao Brasil para criticar energicamente seu ministro das Minas e Energia diante da delegação uruguaia. O problema foi resolvido uma semana depois.

Depois de passarem anos participando de reuniões de cúpula e tendo conversas informais, Dilma batizou Mujica de "velho sábio do sul". "Fico arrepiada sempre que o ouço", repetia. E foi madrinha de um de seus principais projetos de médio prazo: um porto de águas profundas no departamento de Rocha, no leste do Uruguai, no oceano Atlântico.

Mujica considerava esse porto "o melhor lance de política externa" e escolheu o Brasil como aliado. Através de um acordo com o governo de Dilma, procurou garantir a construção desse grande terminal marítimo de carga e dessa forma aproximar, a longo prazo, vários países da região do Uruguai e favorecer todo o Mercosul.

Durante o último ano de governo de Mujica, houve eleições no Brasil. Mujica desejava profundamente que Dilma fosse reeleita, como acabou acontecendo. Lula visitou Montevidéu no começo de 2014, quando, tanto no Brasil como no Uruguai, se iniciava a campanha eleitoral.

Passaram horas bebendo em Rincón del Cerro, conversando sobre o futuro dos dois. Lula lhe recomendou que assumisse a liderança regional, pois tinha uma boa projeção internacional. Tinha lhe reservado o papel de articulador do continente. Convenceu-o de que esse lugar lhe cabia, pois o Uruguai é um país pequeno.

> Tem muito apreço por mim, e eu por ele. É um dos sujeitos mais brilhantes da América Latina e o líder internacional que eu mais ouço. Ele não quer assumir o leme regional por ser brasileiro. O Brasil sempre vai ser acusado de ser imperialista. Por isso me pediu que o fizesse. Ninguém vai desconfiar de um uruguaio, pelo menos por enquanto.

Durante o jantar em Rincón del Cerro, Lula disse que era provável que Dilma vencesse as eleições no Brasil e Tabaré Vázquez no Uruguai, e lhe contou uma história. "Quando eu era presidente e resolvi apoiar Dilma, me disseram para não me meter na campanha eleitoral. Então, passei a falar de manhã, de tarde e de noite, e deu resultado. Você tem de fazer a mesma coisa", lhe disse, e o convenceu, mais uma vez.

— Também conversaram sobre a situação argentina?

— Claro que sim. Sempre converso sobre a Argentina com os brasileiros. Eles conhecem bem os problemas da Argentina e como eles nos afetam. Mas também sabem que precisam dos argentinos, que não podem ganhar o mundo sozinhos.

— E nós sempre ficamos no meio dos dois, enquanto eles se acertam.

— Mas são países muito diferentes. O Brasil tem muito mais potencialidade, é o grande país da América Latina. A Argentina o acompanha, tem uma riqueza brutal, mas seu problema é filho de sua história.

— Isso jamais será resolvido.

— E o que eu vou fazer? Tem sido assim ao longo de toda a história uruguaia. Mas eu sei que não podemos entrar em conflito porque nos prejudica demais. Nem com o Brasil nem muito menos com a Argentina. Por isso tenho aturado coisas inacreditáveis. Tenho de me segurar, mas acho que vale a pena. Vão me agradecer.

Era assim que Mujica pensava na segunda metade de seu mandato. Idas e vindas, brigas e reconciliações, lisonjas e insultos, houve de tudo entre Mujica e a presidente argentina durante seu governo: Cristina Fernández de Kirchner. Considera-a uma mulher inteligente, mas complicada, como muitos argentinos.

E também uma política esperta. Mujica sabia que Cristina seria reeleita com uma grande diferença de votos, como ocorrera em 2011, e dizia isso quando todos duvidavam de que contaria com o apoio popular. Seu argumento era muito simples: não havia ninguém na Argentina capaz de substituí-la.

Em outubro de 2010, quando Néstor Kirchner faleceu, Mujica viajou a Buenos Aires para participar do velório do ex-presidente e voltou muito espantado. Ali estava acontecendo alguma coisa importante, muito mais que a encenação que haviam montado para a cerimônia fúnebre. Mujica se deu conta de que o que os Kirchner haviam construído era muito sólido e duradouro.

> A morte de Kirchner os surpreendeu. Haviam montado um grupo de rapazes que, pelo amor de Deus... Você até fica com inveja, mesmo com todas as coisas fodidas que também têm. A Cámpora é uma porção de máfias. São profissionais da política, mas fazem um uso escandaloso do Estado. Estão em todos os lugares, em todas as empresas públicas. Sabem usar o poder do Estado e não vão afastá-los de um dia para o outro.

Quando Cristina foi reeleita, surgiram novos problemas. Mujica teve dificuldade para entender, mas em meados de 2012 chegou à conclusão de que o conflito era a única forma de se relacionar com o governo argentino. Da mesma forma que seu rosto se iluminava quando falava do Brasil, ao analisar a questão argentina as palavras desapareciam e davam lugar a um incômodo silêncio. Só se referia ao esforço que era obrigado a fazer para não criar mais problemas.

"O fato é que, se não me censurar, todo o veneno vai sair junto e isso não convém aos uruguaios", insistia sem parar. Além disso, sabia que sua popularidade na Argentina era alta, e que por isso sempre o ouviriam com atenção.

Tanto se reprimiu e tentou esconder o que era um pensamento corriqueiro que um dia não percebeu que um microfone estava ligado perto dele quando conversava com um prefeito do interior do país, e aconteceu o óbvio. "Essa velha é pior do que o zarolho", disse ao líder municipal Carlos Enciso se referindo a Cristina Kirchner e a seu falecido esposo e, por culpa do microfone indiscreto, todos o ouviram.

O escândalo se instalou minutos depois. A internet e as redes sociais geram um imediatismo que Mujica não entende. Quando estava voltando de carro a Montevidéu depois da solenidade em que cometera o deslize, no departamento de Florida, a cem quilômetros da capital, os assessores o avisaram de que seu diálogo com Enciso se tornara público e, enquanto ele avaliava o impacto que poderia ter e quantas pessoas poderiam tê-lo ouvido, a notícia já estava em todos os sites do Uruguai e da Argentina.

"Fiz uma cagada, puta que pariu, fiz uma cagada", repetiu várias vezes ao chegar a Montevidéu e saber da repercussão. Esperou durante alguns dias que a tormenta passasse e procurou uma forma de reparar, pelo menos em parte, o dano cometido.

Uma semana depois, na cozinha de sua chácara, escreveu na folha de um caderninho, com uma esferográfica barata, uma carta pedindo desculpas a Cristina Kirchner. Recebeu-nos quando estava terminando o texto e se mostrou orgulhoso de seu trabalho. Usar as melhores palavras, pensar cada frase, essas eram tarefas que desfrutava especialmente.

Sabia que nada voltaria a ser igual, embora Cristina o tivesse perdoado em público e minimizado o episódio. Como sinal, convidou-o, semanas depois, a viajar com ela no avião presidencial argentino a Caracas, para assistir ao velório de Hugo Chávez. Mas a relação já havia mudado. Quase não conversaram durante as oito horas que separam Buenos Aires da capital venezuelana.

Talvez o momento de maior tensão entre Mujica e Cristina tenha sido no ano seguinte, em 30 de setembro de 2013, quando os dois foram ao lançamento de um novo navio do empresário Juan Carlos López Mena. Naquele momento, o Uruguai estava prestes a permitir que a empresa finlandesa UPM aumentasse a produção de pasta de celulose, coisa à qual o governo argentino se opunha.

No início da cerimônia, Mujica e Cristina contemplaram juntos a garrafa de champanhe que explodiu ao bater na proa do navio *Francisco papa,* uma homenagem ao sumo pontífice. O líquido borbulhante espalhou seu aroma pelo ambiente e respingou perto do lugar onde estavam os presidentes, mas não conseguiu contagiar o clima festivo. Alguns minutos depois, a única coisa que faltou foi que se quebrasse algum vidro, mas não como símbolo de comemoração.

"Não te aguento mais! Estou cansado de você!", gritou Mujica para Cristina, e repetiu duas vezes o protesto, gerando um extremo nervosismo nos representantes dos dois governos que participavam do encontro. Tanto a presidente como o chanceler argentino expunham os motivos pelos quais o Uruguai não poderia permitir que a UPM aumentasse sua produção duas semanas das eleições legislativas em seu país.

"Teremos eleições daqui a pouco, Pepe, e não estamos dispostos a abandonar a luta contra a poluição. É muito importante para a gente", respondeu Cristina, tentando acalmar um alterado Mujica. "O que você está pensando? Que é a única que tem eleições?! Já está provado que essa história de poluição é uma desculpa. Não aguento mais nada!", concluiu Mujica, e se retirou. Depois veio a ameaça da Argentina de recorrer mais uma vez ao Tribunal Internacional de Justiça de Haia para resolver a disputa, mas tudo acabou em nada. Para o governo argentino, não era conveniente enfrentar a *ovelha negra* em um momento eleitoral.

"Eu teria gostado de governar a Argentina", confessa Mujica ao relatar o carinho que recebe todos os dias dos habitantes desse país. E fala dos peronistas, que para ele sempre estarão no topo porque podem perder uma eleição, mas não o controle do poder.

> Os peronistas têm direita, esquerda e centro e quando estão no poder vivem brigando entre si. O problema é quando estão na oposição. Aí ficam todos juntos e te massacram. A oposição os une. Vão voltar a ganhar depois de Cristina. Dois de seus possíveis sucessores, Massa e Scioli, já vieram conversar comigo. Muitos argentinos desfilam por minha casa e é preciso manter isso, pelo bem do Uruguai.

Dois gigantes e três líderes marcaram a agenda internacional de Mujica. De um lado, o conselheiro e amigo Lula e sua companheira Dilma. Do outro, a bipolaridade, a admiração e os ataques de Cristina. Mas há outro elemento fundamental para entender como Mujica se movimentou pela região. Um nome que por momentos eclipsou os outros: Hugo Chávez.

Chávez foi seu amigo. Viu-o crescer como possível candidato presidencial, participou de sua assunção como chefe do Estado uruguaio e de sua projeção como referência internacional, e morreu em um dos melhores momentos políticos de Mujica. Comungaram de ideologias diferentes, discutiram muito sobre o que fazer com a América Latina, mas em questões mais emocionais sempre se entenderam com poucas palavras.

Para Mujica, a Venezuela é, há muitas décadas, um dos países "mais corruptos do mundo". Um país que Chávez governou por quase quinze anos. Instalou uma espécie de autocracia centrada em sua figura, e isso não combina com a *ovelha negra*. Mas Mujica reconhece que reduziu a pobreza e conseguiu melhorar a distribuição do dinheiro do petróleo de seu país.

Quando todos começaram a falar do câncer que acometia Chávez, seu amigo Mujica se mostrou otimista. "É um touro", nos dizia. "Você toca nele e parece que está tocando uma parede. Foi paraquedista. Tem um preparo físico muito sólido."

Mas, aos poucos, o touro foi piorando. E, com o passar dos meses, Mujica foi mudando seu discurso. Sabia que a morte estava próxima. Até havia comentado isso com ele. Claro que, durante o processo da doença, enfrentou uma campanha e venceu as eleições.

> Não sei o que acontecerá se Chávez perder a eleição. Ele reviveu para isso. Não sei quanto tempo vai durar e meu temor é o que vai acontecer quando não estiver mais aqui. Agora acho que está bem e que vai ganhar, mas não sei o que acontecerá depois. A Venezuela é um país chave para os Estados Unidos e para a região, e Chávez é o único que pode mantê-lo neste momento.

Naquela época Mujica estava preocupado. Ele acha que Chávez o considerava um "velho meio gagá" porque questionava constantemente sua ideia de socialismo. Mas gostava dele e o respeitava. Essa dualidade entre sentimento e ideologia marcou a relação dos dois. Teve muita vontade de vê-lo em suas últimas semanas de vida, quando todos sabiam que lhe restava pouco tempo. Mas não pôde. Nicolás Maduro, que Chávez havia escolhido para sucedê-lo, o manteve informado sobre os detalhes. "É um sujeito bom de discurso, de bom talhe e boa presença, mas que não chega aos pés de Chávez."

Nos últimos dias de vida do comandante bolivariano, Mujica viajou à Venezuela para participar de uma cerimônia simbólica de transferência do poder a Maduro. Chávez estava havia semanas em Havana, onde se submetia aos últimos tratamentos. Maduro foi esperá-lo no aeroporto, e de lá viajaram até o centro de Caracas, no assento traseiro de um carro oficial.

"Você tem de fazer as eleições agora, antes que Chávez morra", lhe recomendou Mujica.

"Fidel e Raúl dizem a mesma coisa", respondeu Maduro.

"Se promovê-las agora, e impossível que perca, mas, depois, vá saber o que pode acontecer", insistiu.

"Vou pensar", Maduro respondeu, em forma de promessa.

Maduro não seguiu o conselho. Chávez morreu semanas depois, em março de 2013, e passaram-se meses até que se resolvesse convocar eleições para a escolha do novo presidente. Maduro venceu por uma diferença mínima e iniciou um governo muito complicado.

De Chávez restou o mito. Transformou-se em um templo que reúne todos aqueles que continuaram disputando o posto de mais fiel. O movimento só pode ser explicado por conta da sua imagem, e por isso começou a exibir fissuras, que derivaram em uma crise político-econômica na Venezuela.

O velório e o enterro de Chávez se transformaram em uma peregrinação de milhões de pessoas, que queriam ver o líder. Foram dias de catarse coletiva e idealização de uma figura através de métodos religiosos. Mujica viajou com Cristina Kirchner, mas ficou mais tempo.

> O que acontece na Venezuela não é racional. Havia milhões de pessoas fazendo fila para ver Chávez morto. Não é ideologia, é paixão coletiva. É como o que aconteceu com Evita. Não se briga com os mitos. Brigar com mitos é como brigar com o vento.
>
> Cristina não queria que vissem Chávez. Estava em um caixão com tampa de vidro e ela se desesperava para que não o vissem, pedia que o fechassem. Cristina estava mal, imagino que por causa da história do marido. Não ficou até o final. Sumiu. Só vendo para se ter a dimensão do que era todo aquele povo chorando por seu comandante. Inventaram uma religião com Chávez. Não se discute.

Maduro não conseguiu manter essa riqueza eleitoral e sentimental nem tampouco tinha inteligência para gerir um país turbulento e dividido. Sua estratégia foi a de se parecer o máximo possível com Chávez. Até o imaginou como um passarinho que fala com ele e lhe dá conselhos. Nunca se afastou de seu pai criador nem adotou um caminho diferente. Tentou ser o continuador de uma pessoa única e isso não funcionou.

O modelo chavista, muito centrado em uma pessoa, foi se esgotando lentamente. Os retratos gigantes de Chávez por toda a Venezuela não faziam nada além de recordar que o gerador de amores e ódios, mas condutor de mudanças constatáveis fazia parte do passado. Mujica não manteve uma relação muito próxima com Maduro. A afinidade entre os dois países continuou existindo, mas Maduro não é seu amigo. E achava que o futuro seria complicado.

— A situação da Venezuela está muito difícil. Não tenho a menor ideia a respeito de como terminará tudo isso, mas a cada dia que passa fica mais claro que Maduro não é Chávez.

— E quem elegeu Maduro?

— É verdade, mas Chávez não calculou o que viria. Isso acontece frequentemente com os grandes líderes personalistas. Maduro é um bom sujeito, mas tem a síndrome de Chávez. Começou a falar e falar e falar como Chávez em vez de criar um estilo próprio, com outra coisa.

— Você acha que é só Maduro o problema ou o que está ruindo é a economia instalada por Chávez?

— Há um problema prático de política que eles têm dificuldade de entender. Os desejos não podem ser confundidos com a realidade. Não sei por que merda você estatiza uma coisa que depois não consegue gerir. Quando começamos nossa relação com a Venezuela, eles não importavam arroz e de vez em quando até o vendiam para o exterior. Agora lhes mandamos navios cheios de arroz. Andaram para trás. Não consigo acreditar!

Com o apoio do governo de Mujica, mas também dos de Dilma e Cristina, a Venezuela, ainda governada por Chávez, ingressou no Mercosul, integrado originalmente por Brasil, Argentina, Uruguai e Paraguai. A boa relação dos presidentes do bloco teve muito a ver com esse movimento. Foi uma decisão política, que deixou de lado todos os entraves jurídicos que haviam se interposto previamente.

Chávez foi fundamental nesse passo. Insistiu e sugeriu a forma de ingresso aos seus colegas da região, que a aceitaram. O Parlamento paraguaio era o que mais resistia a admitir que a Venezuela se tornasse membro pleno do Mercosul, mas Fernando Lugo, então presidente do Paraguai, viabilizou a operação.

Em poucos meses, o Senado paraguaio fez um julgamento político de Lugo por um incidente no qual morreram dezenas de camponeses e o destituiu. O novo Mercosul, que tivera como aliado o presidente paraguaio quando se tratou de apoiar Chávez, adotou, em resposta, medidas drásticas, que jamais havia adotado em relação a outro país.

Mais uma vez prevaleceram as relações pessoais. A História também é construída com base no relacionamento das pessoas que comandam os países. Às vezes, o fato de um grupo de presidentes conviver em boa sintonia é mais importante do que mecanismos jurídicos construídos ao longo de anos. E foi isso o que aconteceu no Mercosul.

Depois da destituição de Lugo, em junho de 2012, o Paraguai foi privado de seus direitos como membro do Mercosul, até que fossem convocadas novas eleições no país. Mujica não estava convencido de que esse era o caminho a ser adotado. Sente-se solidário ao Paraguai por ser um país pequeno e isolado. Recorda a Guerra da Tripla Aliança, do final do século XIX, na qual o Brasil, a Argentina e o Uruguai se uniram contra o Paraguai e o destruíram, transformando uma das principais economias latino-americanas daquele momento em um dos países mais atrasados do continente. Sente que o Uruguai foi responsável pelo massacre.

Houve um episódio que o convenceu de que era necessário votar uma sanção. Uma troca de informações que permaneceu em segredo absoluto. Quando Lugo foi destituído pelo Senado paraguaio e antes da reunião de cúpula do Mercosul para decidir sobre as sanções, uma das pessoas de absoluta confiança de Mujica recebeu um telefonema de Marco Aurélio Garcia, braço direito de Dilma.

"Dilma quer transmitir uma mensagem muito importante ao presidente Mujica", disse o funcionário brasileiro em uma mistura de português e espanhol.

"Não há problema, vamos colocar os dois presidentes em contato", foi a resposta do uruguaio.

"Não, não pode haver comunicação nem por telefone nem por e-mail. Precisa ser pessoalmente", argumentou o brasileiro.

Um encontro fugaz e repentino entre os presidentes levantaria suspeitas e por isso o governo brasileiro resolveu enviar um avião a Montevidéu para levar um emissário de Mujica à residência de Dilma, em Brasília.

Assim se fez, e quando o enviado do governo uruguaio chegou, Dilma o esperava em sua sala. Tiveram uma conversa formal sobre questões gerais que durou apenas alguns minutos, pois não havia tempo a perder.

"Vamos ao ponto", interrompeu Dilma e o emissário pegou uma caderneta e começou a anotar as informações da presidente brasileira. "Sem anotações", disse ela e fez com que rasgasse o papel. "Esta reunião jamais existiu."

Durante a conversa, Dilma lhe mostrou fotografias, gravações e informes dos serviços de inteligência brasileiros, cubanos e venezuelanos que registravam como havia sido gestado um "golpe de Estado" contra Lugo por um grupo de "mafiosos" que, depois da queda do presidente, assumiu o poder. "O Brasil precisa que o Paraguai fique fora do Mercosul para, assim, apressar as eleições nesse país", concluiu Dilma.

Na semana seguinte, no começo de julho de 2012, todos os presidentes do Mercosul aprovaram, em uma reunião de cúpula realizada na cidade argentina de Mendoza, a suspensão do Paraguai.

As eleições foram realizadas meses depois. Mujica visitou o novo presidente e convidou o Paraguai a participar do porto de águas profundas que planejava construir no Uruguai. Fez algo semelhante com a Bolívia, outro dos países mais esquecidos da América Latina, que não tem saída para o mar.

A Bolívia é, de mais a mais, Evo Morales, um dos presidentes latino-americanos que Mujica mais respeita. Sente Evo próximo, gosta dele e o defende, por mais que discorde do modelo que aplica. Foi o primeiro presidente a visitá-lo logo depois de sua posse e acha que a melhor forma de ajudá-lo é disponibilizar ao seu país uma saída para o mar.

> Evo é mais do que presidente da Bolívia. É o representante dos povos indígenas da América. Tem muita presença em toda a cordilheira. É a primeira vez que um indígena preside um país latino-americano. Antes dele, só o caudilho argentino Andresito Guazurarí, que governou a província de Missões. Além do mais, Evo é um magnífico administrador. Levantou a economia de seu país.

Evo admira Mujica. Costuma apontá-lo como exemplo e sua irmã lhe recomenda que o ouça mais. "É um velho sábio", nos disse Evo em uma das reuniões de cúpula em que se encontraram. "Vocês não se dão conta do que têm", acrescentou.

Essa pode ter sido apenas uma frase politicamente correta, mas Evo falava do presidente uruguaio até quando se reunia com Fidel Castro. Quando era chefe de Estado, Mujica visitou duas vezes os irmãos Castro em Havana. Em uma delas, se encontrou com Evo na ilha caribenha. A parte substancial da conversa entre Fidel e Mujica tratou do problema de alimentação que o mundo certamente terá no futuro. Também falaram de política e da América Latina. "Fidel sabia de tudo o que estava acontecendo", nos contou Mujica alguns dias depois, impressionado com a lucidez do homem quase nonagenário.

Fidel estava preocupado com a situação de Evo. Castro recomendou ao presidente boliviano que conversasse com Mujica. Fez o papel de ponte entre eles, quando se encontraram em Havana para uma comemoração nacional. Mujica contou isso com orgulho. "Evo veio falar comigo atendendo a um pedido de Fidel", relatou, com brilho nos olhos.

Também conversou com os irmãos Castro sobre seu papel na negociação do governo colombiano com as FARC. A mesa de diálogo ficava em Havana, e Mujica se sentiu na obrigação de anunciar aos anfitriões que se reuniria com os guerrilheiros. Mujica jamais foi comunista nem concordou totalmente com a revolução cubana, mas respeita os irmãos Castro. Por mais que os questione, é evidente que sente admiração pelo que fizeram.

O estranho no comportamento de Mujica, que alguns veem como virtude e outros como defeito é que, apenas alguns dias depois de se sentar à mesma mesa com a esquerda mais radical do continente, tenha sido capaz de cruzar sem nenhum problema a linha divisória imaginária e entrar em sintonia com representantes da direita.

O presidente colombiano Juan Manuel Santos, um "aristocrata" proveniente da classe alta de seu país, é muito próximo de Mujica. Foi ele quem o levou a trabalhar na mediação com as FARC. "Nos respeitamos muito e eu o valorizo porque não está para mediocridades. Pensa na posteridade", reflete Mujica.

Da mesma forma, sempre se sentiu próximo de Sebastián Piñera, ex-presidente do Chile e um dos homens mais ricos desse país. Desenvolveram uma boa relação, baseada na sinceridade e na conveniência mútua. Uma semana antes de prestar juramento como presidente, Mujica viajou a Santiago para a posse de Piñera. Os dois se encontraram durante quatro anos em cada uma das reuniões de cúpula presidenciais e até viajaram juntos para a Antártida, onde passaram uma semana.

Evidentemente, Mujica sente especial simpatia pela socialista Michelle Bachelet, atual presidente do Chile e antecessora de Piñera. Sua relação com ela não é tão próxima quanto com Piñera por um único motivo: não ocuparam simultaneamente a Presidência por muito tempo. Mujica viajou a Santiago em março de 2014, quando Bachelet iniciava seu segundo mandato. "O líder progressista mais admirado pelos jovens", definiu-o aquela que naquele momento assumia a chefia do Estado chileno. Mujica destacou sua "vida de luta" por uma sociedade melhor e sua resistência à ditadura militar de Augusto Pinochet, na qual perdeu seu pai, o general Alberto Bachelet, que morreu na prisão. "É um monumento à mulher na política", nos disse naqueles dias, nos quais se transformou em um dos centros de atenção da transferência de poder. A diferença é que Bachelet é sua companheira e assim a identifica, e Piñera poderia ser visto como seu inimigo, o que é um erro grave.

> Piñera não é tão de direita. Não é fascista. É capitalista, conservador, mas sabe que é preciso dar assistência às pessoas. No Chile, 30% são de direita, direita, direita. Aqui, no Uruguai, a ditadura nunca penetrou tanto como lá, mas ele não faz parte desses 30%. Me sinto confortável conversando com ele, por mais que estejamos de lados opostos.

De novo a relação cordial entre as pessoas. Foi nisso em que Mujica apostou em sua política externa. Seu objetivo com os países do outro lado da cordilheira dos Andes era gerar um maior fluxo comercial, que permitisse ao Uruguai ter acesso ao oceano Pacífico para ter uma saída direta para a Ásia, onde considera que está o futuro.

> Eu disse a Dilma que é um disparate eles não participarem conosco da tentativa de ser membros observadores da Aliança do Pacífico. Não respondeu nada, mas me ouviu. Também conversei muito sobre isso com o peruano Ollanta Humala. Alan García o enfiou na Aliança do Pacífico e ele não quis recuar. É o Brasil que deve procurar a costa do Pacífico. Eu disse a Dilma que deve ter uma política especial em relação ao Peru. Uma partida muito importante vai ser jogada na costa do Pacífico.

Por isso não o preocupava se aproximar dessa Aliança, que o grupo mais de esquerda do continente associava à direita, já que a integram países como a Colômbia, o Chile, o Peru e a Costa Rica, em associação com os Estados Unidos. A história está cheia de acordos incompreensíveis, e Mujica recorria a eles quando tentava se explicar.

> Churchill se aliou à Rússia e a Stalin quando foi necessário. Muito mais além da esquerda e da direita, os homens que estão à frente dos países têm de ser pragmáticos. É preciso ter muito bom senso, essa é a melhor ideologia. Quando foi necessário, até Churchill disse "vamos em frente com Stalin". E veja que Churchill era extremamente anticomunista. É preciso ler esses sujeitos para aprender política.

Nesse capítulo do pragmatismo destaca-se o que Mujica fez com os Estados Unidos. Só havia pisado uma vez em solo norte-americano antes de ser presidente, quando estava em trânsito para outro país. Não tinha possibilidade de obter o visto de entrada devido ao seu passado de guerrilheiro. Sabia que havia ocupado por décadas o espaço destinado aos inimigos nos expedientes oficiais de Washington.

Assumiu a Presidência com a ideia de que não visitaria os Estados Unidos, mas com excelente conceito sobre tudo o que os norte-americanos geraram para o mundo. Mujica acredita que eles são os grandes responsáveis pela civilização moderna e os respeita por suas contribuições a todas as artes, às ciências e à história. Convive com uma espécie de admiração culpada.

Tem uma simpatia especial por Barack Obama. "Um negro que chegou a presidente dos Estados Unidos. É incrível! Tenho muita vontade de conhecê-lo", refletia pouco antes de tomar posse como chefe do Estado uruguaio. Não levou muito tempo para estar com ele. E os poucos preconceitos que ainda restavam em sua cabeça desabaram.

No começo de 2012, os dois se encontraram em uma reunião de cúpula de chefes de Estado em Cartagena das Índias, na Colômbia. Na hora do jantar, o cerimonial sentou um ao lado do outro e, desde o primeiro momento, houve uma boa sintonia. Mujica achou Obama uma pessoa muito inteligente e bem--assessorada. O jantar durou cerca de três horas, e o intercâmbio entre os dois ocupou quase todo o tempo. Compartilharam o entusiasmo.

> Obama me mostrou naquela noite que conhecia o Uruguai. Me considera meio como um personagem. No campo internacional, sei que sou o estranho. Não me enquadro nos parâmetros.
>
> Ao lado das pessoas que estão lá, Obama é um radical de esquerda. Eu lhe disse: "Saia do Afeganistão." Ele riu. Havia um tradutor ao lado. Eu entendo um pouco de inglês, mas quando eles falam me faço de burro para saber o que estão dizendo.
>
> Obama tem carisma, tem classe. Nessa reunião, suportou mais de vinte discursos de críticas aos Estados Unidos. O menos ofensivo deve ter sido o meu. Ele aguentou, e isso é uma atitude de respeito. Eu lhe disse: "Você é o melhor presidente que os Estados Unidos podem nos dar." No contexto do que é o país, é o melhor para nós.

A partir daquela noite o diálogo ficou muito mais fluido. Mujica viajou duas vezes aos Estados Unidos e virou um dos preferidos do primeiro presidente negro da maior potência mundial. A primeira visita aconteceu em setembro de 2013, quando participou da Assembleia Anual da Organização das Nações Unidas, em Nova York. Mujica proferiu um discurso semelhante ao da reunião de cúpula Rio+20, mas mais longo. "Sou do sul, venho do sul", disse aos principais líderes mundiais, e falou contra o consumo e a civilização atual, que desperdiça recursos. Mais do mesmo, mas na Big Apple e diante de um auditório mundial.

Em maio do ano seguinte, visitou Obama na Casa Branca. Era a primeira vez que um ex-líder guerrilheiro latino-americano entrava no Salão Oval ocupado por um negro. De *ovelha negra* a *black sheep*. Tudo tinha um apelo histórico e nisso se transformou.

— Achei Obama mais velho. Porra! Essa foi a primeira coisa que lhe disse. Como é exaustivo ocupar cargos tão estressantes! Algum probleminha em seu governo embranqueceu seus cabelos.

— Ele lhe deu espaço ou foi uma coisa bem protocolar?

— Não, havia muita sintonia. Existe uma linguagem universal, a dos olhos, e logo me dei conta de que me respeita. Me chamou de líder regional...

— E por que acha que o respeita?

— Me deram bola porque acham que sou um bom intermediário. Sabem bastante sobre meu passado e o que represento e lhes é útil que eu trabalhe ao seu lado. A relação com Cuba é muito importante para os Estados Unidos. Eles se deram conta de que eu posso ajudá-los muito nisso.

— Você também os ajudou bastante em relação a Guantánamo...

— Sim. Sou criticado por isso, mas o que ficam lhe devendo depois é brutal. Eu lhe dou para que você me dê. Para poder cobrar depois, você precisa tomar uma atitude. E, além do mais, eu não podia fazer outra coisa. Seria uma pessoa muito fodida se não me sensibilizasse com pessoas que estão presas há anos e nem se sabe o que fizeram.

— Você não se sentiu estranho no Salão Oval da Casa Branca, levando em conta seu passado?

— Há pessoas que têm preconceitos ou que têm medo dos falatórios. Estou pouco me lixando para o que as pessoas vão dizer.

— Falou muito da América Latina?

— Me pediu que lhe abrisse o caminho para que outros se animem a se aproximar dos Estados Unidos. Cuba, Venezuela, todos esses podem chegar a se animar a isso. O sujeito trava uma luta interna da porra e é preciso lhe dar a mão. Essa é a história. Comentou que estava totalmente de acordo comigo a respeito de se acertar com Cuba, por exemplo, mas me disse: "Vá convencer os republicanos."

Depois desse encontro na Casa Branca, o intercâmbio comercial e científico entre os dois países aumentou consideravelmente. De qualquer forma, alguns não perdoaram Mujica pela excessiva aproximação com o que consideram o império norte-americano, especialmente no Uruguai.

Ele não se arrepende de nada e definiu os que o criticaram de "almas podres". Acha que sua ajuda ao governo de Washington se traduziu em questões úteis para o Uruguai e contribuiu para pacificar o continente. Tem certeza de que Obama deixará o terreno semeado para um novo período de relacionamento entre os Estados Unidos e a América Latina.

Através dessa ponte com Obama e de sua embaixadora no Uruguai, Julissa Reynoso, Mujica chegou a lugares antes inimagináveis para seus antecessores e também o fez à sua maneira, deixando sua marca na história mais reservada, aquela que só fica conhecida meio século depois, quando os documentos são tornados públicos.

Em meados de 2014, por exemplo, Obama ligou para Mujica, preocupado com a Venezuela. A situação estava cada vez mais complicada e o Congresso dos Estados Unidos queria ter um papel importante nesse país.

"Presidente, quero saber sua opinião sobre a questão da Venezuela. No Congresso, estão me pressionando para que intervenha. Qual é a sua posição a respeito?", perguntou Obama.

"Por ora, é melhor não. Isso iria piorar ainda mais as coisas. O melhor é ficar tranquilo", respondeu Mujica, e o presidente norte-americano agradeceu-lhe a sugestão e lhe disse que compartilhava sua posição.

Algumas semanas depois, Joe Biden, vice-presidente norte-americano, ligou para Mujica. "Em um mês, ligações do presidente e do vice-presidente dos Estados Unidos... Não é para qualquer um, che", ironizou Mujica, na intimidade.

Nós ficamos sabendo por acaso da segunda ligação, porque tínhamos uma reunião agendada com ele em seu gabinete quando estava se preparando para atender. Não tinha tradutor nem tinha clareza sobre qual telefone usaria. Foi o que conseguimos ver. Quando quisemos saber mais, optou pelo sigilo.

Depois soubemos que recebeu a chamada no telefone celular de sua secretária, María Minacapilli, porque era o único que tinha viva-voz, e que, durante a conversa, o subsecretário da Presidência, Diego Cánepa, fez o papel de tradutor. A ligação caiu duas vezes e ouvia-se mal.

Biden, que já tivera vários encontros pessoais com Mujica — havia almoçado com ele em março, em Washington, e o vira cochilar diante de um prato de sopa —, queria apressar a transferência dos presos de Guantánamo para o Uruguai. Não atingiu seu objetivo, mas obteve, sim, um compromisso de Mujica de que o acordo entre os dois governos seria levado a cabo depois das eleições no Uruguai. Também lhe ficou claro por que Mujica ficara tão famoso internacionalmente. "É a primeira vez que isso acontece comigo", disse Biden a seus assessores quando a ligação pelo celular caiu pela segunda vez.

Também na Europa Mujica é bem-recebido e tem cultivado um vínculo, ainda que não tão próximo, com alguns de seus líderes. Visitou-a meia dezena de vezes quando era presidente, mas os itinerários mais prolongados foram os de 2011, quando esteve na Noruega, na Suécia, na Alemanha e na Bélgica, e de 2013, quando percorreu a Espanha e foi ao Vaticano, para conhecer o Papa Francisco.

Desfrutou, especialmente, suas visitas a cidades europeias com tradição e aponta Paris, Praga e Edimburgo como as cidades mais bonitas do mundo. Gosta dos lugares com história milenar e com uma harmonia conservada ao longo dos séculos.

Do ponto de vista político, Mujica acredita que a Europa passa por um problema sério. Percebe uma grande crise de credibilidade de seus líderes, o que para ele explica sua fama nesse continente. Não existe surpresa no Velho Mundo e é por isso que a *ovelha negra* fascina.

As ideias políticas de vanguarda escasseiam entre os europeus e em alguns lugares ainda prevalece a filosofia da conquista. Foi o que disse em 2011 ao presidente alemão, Christian Wulff, depois de ele ter lhe pedido para ajudar a Europa a instalar uma democracia sólida no Afeganistão através de seu exemplo de guerrilheiro que virou presidente. "Esse é o problema que vocês têm: o eurocentrismo. Ainda não aprenderam com a História que não podem impor sua forma de democracia em qualquer lugar. Não contem comigo para isso", lhe respondeu.

> A Europa tem sérios problemas para entender o mundo. Quase não tem esquerda. Existe uma esquerda, mas tudo já se misturou. Depois há a Europa escandinava, lá são socialistas, embora às vezes tendam à direita. O sistema que conseguiram estabelecer é infernal. Têm uma qualidade de vida e uma distribuição de renda impressionantes. É uma demonstração de que é possível.

Talvez por isso suas melhores impressões foram de políticos mais associados à direita, como o presidente do governo espanhol, Mariano Rajoy, ou a alemã Angela Merkel.

> A conversa com Rajoy foi boa, mas o mais importante foi o que me disse o ex-presidente socialista Rodríguez Zapatero a seu respeito. Ele é uma boa pessoa, me disse. Discordamos, mas é uma boa pessoa. Quem não serve para nada é o ex-primeiro-ministro José María Aznar, me disse.
>
> Bem, quem mais me impressionou na Europa foi Angela Merkel. Essa mulher tem uma presença brutal, transpira poder de comando. Me perguntou o que queremos da Alemanha e eu lhe disse: "talento". "Gente", me disse. "Não, talento e formação. Bolsas. Isso é o mais importante."

Também achou o Papa Francisco um homem revolucionário para a Igreja católica, uma pessoa com quem pode se identificar. Tudo isso em oposição à monarquia espanhola. Encontrou-se várias vezes com seus representantes e até recebeu a visita do rei Juan Carlos em sua chácara de Rincón del Cerro, horas depois de transmitir o cargo. Sempre, em cada um desses encontros, fez menção à sua condição de anarquista. "Seu filho Felipe tem um ótimo senso de humor", disse a Juan Carlos na tarde em que compartilharam um sofá do jardim de sua casa feito com tampinhas de refrigerantes por pacientes do principal hospital psiquiátrico de Montevidéu. Contou que ambos passaram por um terremoto durante a posse de Piñera no Parlamento do Chile. "O sonho dos anarquistas: que explodam todos os monarcas e presidentes juntos", disse Mujica a Felipe naquela ocasião, provocando uma gargalhada do então herdeiro da Coroa espanhola.

> A monarquia é um elefante branco. Quando fui ao palácio da Zarzuela, o rei parecia uma bola. Veja, sou um velho de merda, mas era um adolescente ao lado do rei. Fiquei impressionado. O Zarzuela fica na boca de Madri e ocupa cerca de duas mil quadras, com cervos incluídos. Uma parafernália para manter toda uma família que não tem muito o que fazer. Do ponto de vista republicano, é insultante. É uma coisa ofensiva. Rajoy é republicano, mas ao lado do rei qualquer um é republicano. Mas deve-se reconhecer que o rei ajudou bastante a Espanha depois da morte de Franco, quando a democracia foi restabelecida.
>
> Com o Papa aconteceu uma coisa diferente. Eu sou ateu, mas me tocou muito. Tem vontade de ajudar. Vai ser um senhor Papa. Combina com a minha maneira de ser. Conversamos durante 45 minutos, e fui eu quem lhe disse para encerrarmos. Sempre recebe por quinze ou vinte minutos. Fiquei com vergonha de ficar mais tempo.

Ficou com vontade de visitar a Itália, um país do qual Mujica se sente próximo. Os italianos representam para ele, ao lado dos espanhóis, o melhor e o pior da América Latina, que tanto valoriza. Sente-se em casa em lugares criados por italianos ou espanhóis. O termo "tano" — corruptela de *italiano* — é chave para ele, usa-o para se referir a alguns de seus lances ou para explicar a origem de alguns de seus raciocínios.

Talvez tenha tirado da picardia dos italianos elementos para fazer um movimento de política externa, com o objetivo de que a Europa reagisse e desse mais espaço à América Latina. Seu lance, pensado por vários meses e comentado com seus parceiros regionais, foi se aproximar da Rússia como sinal de que esse poderia ser o país de escape para o Mercosul.

Fez "grandes ofertas" aos russos, da mesma maneira que o Brasil e a Argentina. Os três países iniciaram um período de sedução que começou com uma visita de Putin à região em maio de 2014. Não visitou Montevidéu. Esteve em Buenos Aires e em Brasília e se reuniu com Mujica nessas cidades.

Nunca havia visto o presidente russo em uma reunião de cúpula nem havia cruzado com ele. Chamou sua atenção a capacidade de liderança de Putin e sua imagem de homem forte e agressivo. "Nunca ri, isso é muito estranho", dizia, antes de conhecê-lo.

Ficou muito satisfeito com o resultado do encontro. Putin recebeu Mujica de uma forma muito amável, mostrou-se cortês e, sobretudo, bem-informado sobre o Uruguai. Em duas ou três frases, lhe deu a entender que estava a par do passado e do presente de Mujica.

Isso aconteceu no final de seu mandato. Seu governo estava terminando, e o Uruguai continuava envolvido em grandes negociações, uma coisa que Mujica destacava especialmente. "Somos um país muito pequeno na mira dos poderosos. Isso é uma boa notícia", avaliava.

Mujica atravessou o mundo tentando dar protagonismo ao seu pequeno país. Um ex-guerrilheiro que em menos dois anos chamou a atenção de Obama, Putin, Fidel Castro e do Papa Francisco, que comprovou sua fama entre os camponeses do Equador, que cita como exemplo de vida os indígenas da Bolívia e do Peru e os nórdicos da Finlândia.

No entanto, sempre diz depois das viagens que ama cada vez mais o Uruguai, embora seus habitantes sejam preguiçosos. Acha que seu país tem potencialidade por estar localizado no centro da América Latina e por sua boa imagem.

Até a casa do parque Rodó, de sessenta metros quadrados, onde mantivemos a maioria das nossas conversas, serviu a Mujica como comparação ao se despedir em uma madrugada. "Como o rancho está maravilhoso! Um espaço muito bem-usado. Pequenino, mas charmoso. É uma testemunha privilegiada", se despediu.

10. O velho

Não costuma demonstrar seus sentimentos. Incomoda-o o contato físico excessivo, abraços apertados e intermináveis.

Na verdade, é sóbrio e de poucas palavras afetuosas. Seus cumprimentos são breves, e oferece a mão sem vontade. Oferece-a como se fosse uma continuação de seu braço, um apêndice que pende sem sensibilidade própria.

No entanto, essa parece ser uma couraça diante de tanto estímulo externo, positivo e negativo. Esse comportamento poderia ser explicado pelos anos que viveu em isolamento, por uma sufocante demanda popular ou simplesmente por uma personalidade pouco expressiva. Mas é a superfície. Mujica é do tipo de pessoa que surpreende quando se a conhece mais. Não porque mude sua forma de ser, pois jamais fará isso. Mas sim porque, diante de certos estímulos, surge o homem sensível, que muitas vezes acaba com lágrimas nos olhos, falando do amor e da amizade.

Chora quando fala de sua história mais íntima. Também se emocionou, até avermelhar seu olhar, quando ficou sabendo que o jardineiro da embaixada do Uruguai na Espanha guardou em seu telefone celular o discurso que pronunciou na reunião de cúpula Rio+20 e que o ouve sempre que quer se sentir bem. “Pelo menos sirvo para alguma coisa”, diz, com a voz embargada.

Vibra com a poesia, com um bom romance ou com ensaios de grandes filósofos. Aos 79 anos, quase no final de seu mandato, continuava descobrindo escritores através de cartas de simpatizantes do exterior. Isso aconteceu com o português José Saramago, por exemplo. Entre as centenas de mensagens que recebeu depois de ficar mundialmente famoso, havia uma de um espanhol que o comoveu. Enviou-lhe um poema de Saramago que trata da velhice. "Me entusiasmei como uma criança e não conseguia parar de lê-lo, de novo e de novo", nos contou. "Admiro o que os bons poetas dizem."

Seus sentimentos estiveram presentes em muitas de nossas conversas. Passou a revelá-los depois de termos conquistado sua confiança, de se sentir confortável com o passar dos dias, das semanas, dos anos. E assim entendemos e convivemos com sua maneira pouco convencional de lidar com o afeto, distante do físico, mas sentido.

Seu cumprimento sempre se resumia a uma piscadela a distância, a uma palmada mal perceptível no ombro ou a um leve aperto de mão. Os telefonemas acabavam sem muita efusividade, e às vezes nem sequer se despedia "Bem, tá, tá", concluía, e percebíamos claramente que afastava o telefone do ouvido para, alguns segundos depois, desligar.

Isso significava apenas uma forma de agir sem muita efusividade e de tornar o dia a dia mais fácil. À noite, na intimidade do lar e do vinho, revelava, ainda que só um pouco, seu lado mais sentimental.

E é claro que tem coisas para contar sobre seus afetos, recentes e passados. Os amores e os desamores. Os amigos e as recordações. Os filhos que não teve e os animais que ocuparam, pelo menos, uma parte desse espaço vazio. A natureza, as plantas e a chácara onde vive são a unificação de tudo isso.

Seu tema mais recorrente é o amor. Aos 16 anos, quando abandonou a casa materna para ir atrás de uma namorada adolescente, deu início a um périplo que tem mulheres como protagonistas. Grandes amores fugazes, que recorda com carinho e nostalgia.

"Quando era jovem, tinha um grande defeito. Me apaixonava por mulheres lindas e era correspondido", suspira. Mas o único nome que surge em todas as conversas e horas é o de Lucía. Chegou tarde em sua vida, quando fugia dos militares pelas montanhas, dormindo à intempérie, já quase sem liberdade. Foram unidos pelo medo e o desamparo. Nunca mais se separaram. Como aconteceu com os anos passados no calabouço, trancado em um poço, Lucía também mudou a vida de Mujica. Ele acredita nisso e lhe é grato.

Antes, no início da juventude, conviveu com outras mulheres. A vida era de estudo, leitura, bicicleta e se apaixonar, desapaixonar e voltar a se apaixonar. Chegou a percorrer o Uruguai inteiro pedalando e visitava a cidade natal de sua mãe, Carmelo, todos os meses. Quase 240 quilômetros para ir, partindo de Montevidéu, e outros 240 para voltar.

Restaram muitas coisas daqueles anos. "As mulheres e o amor mudam sua cabeça", afirma hoje, e recorda como exemplo que uma de suas namoradas da juventude lhe inculcou o amor pela música clássica. O gosto pela política veio de casa: sua mãe era uma fervorosa militante do Partido Nacional.

No meio de mulheres, se misturou com os tupamaros no começo dos anos 1960. E teve um grande amor em seus primeiros anos de vida clandestina: Yessie Macchi, a mais bela das guerrilheiras. "Era intelectualmente brilhante e muito apaixonada. Seu único defeito era ser muito bonita", disse, ao se lembrar dela. O namoro durou pouco. Cada um seguiu seu caminho na organização e ambos viraram ícones: ele, por chegar à Presidência, e ela, por ter morrido muito jovem depois de uma vida tempestuosa.

As mulheres não ocuparam os principais postos no movimento tupamaro. Segundo os militares, nove homens lideravam o grupo armado. No entanto, Mujica relativiza essa questão: "As mulheres foram decisivas para o movimento. Pobres de nós se não tivessem existido as mulheres! Nos momentos complicados, foram elas que se arriscaram para nos salvar."

É o que demonstra a história. Foram várias as vezes que os homens estiveram prestes a ser capturados, e as mulheres da organização evitaram que isso acontecesse. Passavam mais despercebidas e por isso eram encarregadas de enviar mensagens ou de avisar rapidamente sobre a presença do inimigo.

Lucía foi uma delas. Então protagonista, e muito mais agora, lhe dedicamos quase uma noite inteira de nossas conversas. Mujica estava mais nostálgico do que habitualmente, sentado em uma poltrona de couro, relaxado, com vontade de fumar e recordar. Perguntamos sobre ela, e ele nos contou sua história. Devagar, desfrutando cada passagem, esticando as palavras.

> Lucía mandou tudo à merda e se juntou a nós. A família a perdoou. O pai, um engenheiro batllista, era ateu e odiava os padres. Ela frequentou um colégio católico porque era a mãe a responsável pela educação dos filhos. O sobrenome da mãe era Saavedra. Esses, sim, são católicos e brancos. Ele era engenheiro de infraestrutura. Foi ele quem projetou o Hospital das Clínicas e trabalhou na construção de pontes de estradas de ferro. O irmão mais velho de Lucía nasceu na Alemanha, no meio de suásticas. Tinha uma suástica na carteira de identidade. Vocês não sabem o que passaram para conseguir voltar!
>
> Quando menina, era crente, como todo mundo. Quase todos os seus irmãos têm profissão. Tem uma irmã gêmea que vive em Paysandú. Brilhante, uma louca. Se dá bem com a gente. Se diferenciam pelas operações a que Lucía foi submetida pelo Movimento de Libertação Nacional. Lucía tem o nariz do MLN.

Ele ri ao mencionar o nariz do MLN. Havia um cirurgião plástico que mudava parte de seus rostos, recorda. Não fez muita coisa com ele; parece que há uma marca do MLN em sua fisionomia, como se fosse uma tatuagem.

> Conhecia Lucía de nome. Só a conheci pessoalmente muitos anos depois da primeira vez que fui em cana. Nós dois estávamos na clandestinidade, vivíamos na montanha. Nos juntamos em uma noite de perigo e solidão. E nos tornamos mais companheiros nos momentos difíceis, quando outros

caíam como moscas ou eram mortos. Na prisão, nunca nos vimos. Nada de nada. A princípio escrevíamos alguma carta, mas depois ficou impossível. Nos juntamos quando saímos, mais de doze anos depois. Em seguida, continuamos sempre unidos e nos casamos há alguns anos.

A chácara de Rincón del Cerro tem para eles uma grande importância. O lugar que tornou Mujica internacionalmente famoso é também o centro dos afetos do casal. Lá Mujica se casou, viveu os melhores momentos de sua carreira política e lá viverá até seus últimos dias.

Instalou-se na chácara poucos meses depois de sair da prisão, em meados da década de 1980. "Só Lucía seria capaz de me acompanhar nessa viagem porque é índia como eu. Vocês não sabem como era aquilo: estava caindo aos pedaços", recorda.

Não é que tenham feito muitas reformas. A casa tem o necessário: quarto, cozinha, banheiro e sala de estar com aquecedor a lenha. Com o tempo, foi sendo povoada por livros, adornos com história e sobretudo por visitantes ilustres. Primeiro a frequentaram políticos de esquerda, depois, de todos os partidos, mais tarde, governantes estrangeiros e, finalmente, jornalistas do mundo inteiro.

Dizia a todos eles a mesma coisa: "Eu não sou pobre. Sou austero, porque tenho minha liberdade e quero ter tempo para desfrutá-la. Não gosto da pobreza, gosto da sobriedade e de andar sem muita bagagem."

Relaxava fazendo tarefas de casa. "Hoje lavei louças, cozinhei, fiz um pequeno guisado. Depois caminhei pela chácara, fui ao açougue e comprei um pouco de carne. Preciso fazer essas coisas", nos disse, em uma das muitas vezes que nos recebeu.

Nessa ocasião estava sozinho. Lucía havia viajado ao Equador, como observadora das eleições presidenciais. Notavam-se algumas diferenças na ordem. Havia mais papéis espalhados e objetos fora do lugar. Não era um grande caos, embora a ausência da esposa não passasse despercebida.

Quando estão juntos na intimidade, se completam, funcionam como engrenagens perfeitas. "Amor de velho", ele classifica, e afirma que é diferente do anterior. "É um doce hábito", define. Para Mujica, o amor tem idades; o dos velhos se baseia no companheirismo e é muito necessário, talvez até mais do que o outro. O mais importante é tornar os últimos anos de vida mais suportáveis, desde cortar mutuamente as unhas dos pés, "uma tarefa muito difícil nesta idade", até pensar em soluções para o futuro próximo, porque o distante não existe mais. Embora às vezes isso seja esquecido, pelo menos por um tempo.

— Hoje fiz trinta e cinco vidros de conserva de tomate, e quando a velha chegou não podia acreditar. Adorei, desfrutei como louco, mas vocês não sabem como minhas pernas ficaram. Estou velho. Meus músculos têm cãibras. Depois tive que pedalar na bicicleta ergométrica e relaxei um pouco. Isso costuma me acontecer. Incorporo um garotinho, mas não sou garotinho.

— O que você coloca na conserva?

— É uma besteira. Tomate picado e talo de erva-mate macerado. Depois coloco uma colherzinha de sal e uma folhas de louro e cubro. Quando está terminado, colocou-os em um tacho grande, com água. Quando ferve, cozinho ali por meia hora e depois deixo que esfriem. Duram anos.

— Como são usados?

— A velha faz pizzas que eu adoro e coloca um vidro inteiro desses. Vocês não sabem como fica! Gastamos trinta vidros por ano, mais ou menos. Ainda temos quatro do ano passado em Anchorena.

Na chácara, cozinham quase todos os dias. É uma espécie de ritual. Às vezes juntos, às vezes separados. A cozinha é um lugar de encontro. Muitas das entrevistas aconteceram ali, com o cheiro de vegetais assando no forno ou do guisado cozinhando em uma panela.

No verão, o poço que fica diante da porta de entrada da casa também é o lugar para receber convidados e espairecer. Eles passam horas ali, embaixo das árvores, no meio dos animais. Ali fomos testemunhas de uma discussão dos dois por questões ideológicas. Não foi longa e não levantaram a voz, mas foi a primeira vez que vimos Mujica contradizer sua mulher com firmeza. O tom era trivial, e imaginamos que esse tipo de troca era frequente.

A discussão foi originada pelas associações ligadas à educação e como agiam, impedindo qualquer mudança. A conversa durou muito mais do que o previsto e, depois de questionar a situação educacional do Uruguai, Lucía acusou os meios de comunicação de superdimensionar a realidade.

— A educação não é um desastre. E é isso o que os meios de comunicação querem mostrar.

— De novo a mesma coisa. A culpa de tudo não é dos meios de comunicação. Vamos acabar com isso! O problema não é o que você está apontando, velha. O problema é muito mais complexo. Podem existir coisas muito boas na educação, como você diz, que não são divulgadas.

— Eu acho que é uma operação da imprensa.

— Não, não. Não podemos jogar a culpa de tudo na imprensa. Temos aqui um problema com as associações, e é necessário acabar com isso. Precisamos nos unir para destruir essas associações, não tem outro jeito. Tomara que consigamos tirá-las do caminho.

Mujica não se comporta da mesma forma quando Lucía está ao seu lado. Não porque dissimule nem porque altere seu modo de pensar. É que Lucía tem uma personalidade forte e é muito mais rígida do ponto de vista ideológico que seu marido. E costuma protagonizar qualquer conversa.

Mujica a ouve, lhe dá espaço e a respeita. Alguns integrantes de seu governo prefeririam que sua esposa não participasse das reuniões com o presidente. Sempre temeram que ela influísse nas decisões que Mujica precisava adotar, mas ele nega que isso tenha acontecido. "É melhor conversar com ele a sós", foi uma das frases repetidas por vários ministros ao longo dos cinco anos de governo; a ouvimos até a exaustão.

Ele reconhece que sua mulher é "cabeça-dura" e mais rígida e estruturada do ponto de vista ideológico do que ele; a adora e não considera essa tenacidade um defeito condenável. Sente que lhe deve muito. Acha que o mérito de ter chegado à Presidência, sendo uma *ovelha negra,* também é dela.

> Lucía me apoiou em cada coisa ao longo de todos estes anos que não tem cabimento! É hora de retribuir. Ela vai continuar na política, isso é certo, e eu vou apoiá-la no que for. Não é uma questão de genialidade, mas é a gota d'água que vai e vai e vai e é fundamental. De fato é uma sorte tê-la conhecido.

Passaram-se horas daquela noite em que tinha vontade de falar de seus sentimentos quando fez essa reflexão. Estava emocionado. Fez cada uma dessas palavras, em especial as últimas, durar mais do que de costume. Seus olhos se encheram de lágrimas e ficou por alguns segundos olhando para o vazio. Ele mesmo se encarregou de retomar a conversa.

Depois desse diálogo, Lucía se candidatou para integrar a chapa de Tabaré Vázquez, mas nas eleições internas o dirigente da Frente Ampla mais votado foi Raúl Sendic, e o próprio Mujica apoiou sua candidatura à Vice-Presidência. Encarregou-se de dar a notícia à sua esposa no dia 2 de junho de 2014, uma segunda-feira, um dia depois das internas.

— Minha velha, já falei com Raúl. Será ele.

— ...

— Minha velha, está resolvido. Um problema a menos.

Essa foi a única coisa que lhe disse, e, horas depois, estavam trabalhando mais uma vez juntos na preparação da campanha que tentaria fazer com que seu setor político voltasse a ser maioria na Frente Ampla. Enquanto envelhecem, desfrutam juntos o que construíram de uma forma que nunca imaginaram. E também as dores arrastadas do passado, essas de que Mujica não se esquiva durante a conversa.

Viveram a época de maior fertilidade nos calabouços e quando foram libertados já era muito tarde. Adotaram algumas famílias que vivem no mesmo terreno da chácara, mas não é a mesma coisa. "São os parentes que escolhemos", dizem ambos. Mas sentem e sabem que não é a mesma coisa.

Mujica queria ter filhos. Sentiu a calidez do lar que o recebia para longas conversas e percebeu que ainda não havia crianças na casa. Na décima vez que se sentava diante da mesma mesa, resolveu fazer uma sugestão.

> Vocês precisam ter filhos. Eu não pude, porque me dediquei a outras coisas. Não me queixo, mas, vocês que podem, tenham. Penso bastante nisso. Não me recrimino; merda, por que iria pensar nisso naquela época? Quando quis despertar, já era muito tarde, e agora me arrependo um pouco.
>
> Espero que dentro de alguns anos, se ainda estiver vivo, passe por aqui e encontre crianças. Não tenham medo da vida, pois vocês vão gerá-la da melhor forma.

Estava falando para a gente, mas também para o jovem que havia sido. Tínhamos a sensação de que estávamos ouvindo uma confissão, dessas que são uma catarse destinada a aliviar a bagagem que cada um carrega consigo.

Deixamos que refletisse, olhando-o com surpresa. Ele nos deixou de lado e começou a dialogar com a dona da casa, que o ouvia com atenção. Desenvolveu toda uma teoria sobre as mulheres, que até aquele momento não conhecíamos.

> Você vai se completar como mulher quando der à luz, porque nenhuma dor ou amor é maior do que ser mãe. Vocês, as mulheres, são seres superiores a nós porque têm o dom da vida. Nada é mais importante do que isso. Não se deixe abrandar

> pela pequena burguesia e não se esqueça de ter filhos, porque, quando for velha, vai se dar conta de como isso é importante. Talvez agora, ainda jovem, não perceba. Se existe a santidade, é provável que esteja próxima das mulheres velhas.
>
> A maioria das mulheres fica com os filhos e muito mais nas classes mais baixas. Precisamos construir um monumento para elas. Não acompanho esse feminismo que está na moda, mas acredito nas mulheres. As mulheres são muito importantes e valem muito mais do que essas modas.

Certa vez, em meio à rotina da campanha eleitoral, nos dera uma pista sobre seu respeito pelas mulheres. Estava indignado com a forma usada por muitos políticos para associar o poder ao sexo e às mulheres, a batalhas, vencidas ou perdidas.

Contou que recebia propostas e declarações de amor dia após dia, mas que sempre respondia com o silêncio. "É o que cabe, porque aqui a coisa não acontece. Se seu objetivo é foder, pode foder como louco, mas política não é isso. Isso é o que fazem os de cabeça vazia, os tarados", refletiu por aqueles dias, antes de ser eleito presidente.

Mujica não é daqueles políticos que contam suas intimidades como se fossem cartões de visita, que se referem a suas conquistas como se fossem batalhas vencidas ou medalhas penduradas no peito. Ele faz referência a questões sexuais em reflexões esporádicas e nunca as protagoniza.

Mas fala dos amigos e de sua relação com o exercício da política. Vangloria-se de nunca ficar em hotéis nas aldeias e cidades do interior do Uruguai. Em todos os lugares tem um amigo que lhe abre as portas de sua casa e lhe oferece uma cama para passar a noite. Quando viajava ao exterior como presidente, também preferia as casas dos embaixadores e cônsules aos hotéis. Gostava de ter contato direto com os lares, de conhecer a vida cotidiana.

"Tenho amigos em todos os botecos de Montevidéu. É preciso ouvir as pessoas. De vez em quando lhe dizem alguma coisa que tem muito sentido", dizia, filosofando sobre a vida, em pleno exercício da Presidência. E nunca deixou de ir a bares, casas, clubes sociais e galpões que frequentava quando era um simples deputado.

Tampouco deixou de visitar aqueles que estiveram por perto durante toda sua carreira política. Um deles foi o socialista Reinaldo Gargano, senador e ministro das Relações Exteriores do primeiro governo da Frente Ampla. Gargano agonizou durante alguns meses, quando Mujica era presidente já havia algum tempo.

Foi vê-lo na casa de saúde onde estava internado. Fez isso em silêncio e depois foi nos visitar, como estava previsto. Chegou mais apagado e pensativo do que de costume. Diante da pergunta, explicou sua dor.

> Gargano me reconheceu, mas não fala. Cumprimenta e quer fazer gestos com a mão. É trágico, fiquei mal. É uma coisa impressionante vê-lo. Briguei durante toda a vida com ele, brigo com ele há sessenta anos, mas é forte, e por isso gosto muito dele. Gargano é um típico homem de partido, um militante. Parecido com Lucía.

Dos amigos que acabaram sendo protagonistas silenciosos de sua Presidência, talvez um dos melhores exemplos seja Sergio "o Gordo" Varela, que vive perto de sua chácara. Gordo Sergio é dono do alpendre com churrasqueira onde Mujica faz o papel de anfitrião quando precisa receber muitas pessoas. Amigo desde o começo de sua carreira política, companheiro de campanha e depois assessor logístico, é, no final das contas, uma espécie de mestre de cerimônia das festas presidenciais. Gordo Sergio é tudo isso, um "querido" e um exemplo de amigo para Mujica.

Por seu famoso alpendre passaram Chávez, Lula, Rafael Correa, a embaixadora dos Estados Unidos, o embaixador da Venezuela, os principais políticos e empresários do Uruguai e da região, sindicalistas, jornalistas e a turma de amigos de Mujica. Gordo Sergio guarda como recordação desses tempos um relógio presenteado ao presidente uruguaio pelo governo russo. Também guarda, assim como muitas pessoas do entorno de Mujica, arquivos e objetos da passagem da *ovelha negra* pelo poder: relógios, quadros, charutos, selas, de tudo. Mujica recebe e reparte. Salvo plantas, sementes e tudo o que se refira à natureza.

A natureza também é uma constante do Mujica sentimental. Da mesma forma que a percebe quase como uma religião, recorre a ela quando quer se encher de vida. Quando fala de animais e plantas, relaxa. Traz à tona seu amplo conhecimento e sua experiência de vida.

Os animais ocupam um lugar central em sua intimidade. O mais famoso é Manuela, sua cadela de três patas. Manuela é seu amor de velho. Tanto é assim que durante suas viagens ao exterior, quando liga para Montevidéu para falar com Lucía, lhe pede que aproxime o telefone da cadela para falar com ela e ouvir seus latidos.

As histórias sobre Manuela são constantes. Manuela no carro. Manuela na chácara. Manuela nos atos políticos. Manuela de madrugada. Quando ela está por perto, Mujica fica atento para que nada lhe aconteça e para que seja bem-cuidada; o vimos correr e proteger-se em um carro, abraçando Manuela, quando um grupo de cachorros a cercou na casa de um amigo em Carmelo.

> Manuela tem dezoito anos. É de Paysandú. Nós a trouxemos em uma noite, quando era bem pequenininha. Com o tempo, foi se transformando em algo muito especial. Perdeu a pata me acompanhando no campo. Foi a roda dentada do trator. A partir daí virou a rainha da casa, alvo de todos os mimos. O presidente da República cozinha para ela. Não é pouca coisa. Quando morrer, vou sentir sua falta, porque estamos juntos há muitos anos.
>
> No inverno, acordo três ou quatro vezes à noite, para colocar gravetos no aquecedor porque Manuela me pede. E quando quer mijar, me levanto voando e abro a porta para

ela. De manhã, quando me vê vestir a calça, sai para dar uma volta comigo no campo. Quando vou passear pelo bairro, ela vai comigo, na cabine do trator ou no Fusca. Sempre está ao meu lado.

Manuela é a preferida da chácara de Rincón del Cerro e convive com mais de dez cães. Também há cerca de meia dúzia de gatos, assim como galos e galinhas. Todos dividem o espaço sem grandes conflitos. Cada um tem uma função. A título de exemplo: um dos galos, que se chama Claudio, é encarregado de despertar os donos da casa e dorme ao lado da janela do quarto.

Mujica tem fraqueza pelos gatos. Na verdade, por todos os animais, mas admira os gatos um pouco mais do que o restante. Acredita que têm uma inteligência superior e assegura que se aprende muito só de olhá-los. "Estão presentes, na forma de caçar dos gatos, todas as táticas de guerra. Tirando alguns minutos para observá-los, aprende-se muita coisa", afirma.

A gata de sua vida foi Cloromida. Compartilhou com ela os primeiros anos passados na chácara. O assunto surgiu porque na casa onde o recebíamos no parque Rondó havia uma gata cinza atigrada, muito parecida com Cloromida.

Ele a colocava em cima de suas pernas ou observava seus movimentos. Certa vez, a gata se assustou com um gesto desastrado de um de nós e arranhou Mujica. Um arranhão pequeno, que o fez sangrar. "São ossos do ofício", reagiu ele. "Se você gosta dos animais, aceite os arranhões. Eles estão defendendo seu território", justificou-a, limpando o sangue.

No entanto, quando estava partindo, se aproximou da gata e a recriminou: "Você não gosta de mim, hein? Por que não gosta de mim? Vou ter que lhe trazer a Manuela." O incidente não se repetiu em nenhuma das outras visitas. Entender o mundo dos gatos implica não ceder ao primeiro ataque.

> Eu tive uma gata que adorava. Foi morta por uma cadela quando já era velha. Essa gata fez história. Começou a caçar tudo ao redor da chácara e pôs todos os bichos para correr.

> Tinha suas birras. Caçava um rato e o trazia para que você o visse. Um dia um arquiteto amigo de Lucía foi visitá-la com um cachorrinho desses de apartamento. A gata viu que era cheio de pose e o arranhou todo.
>
> No final, uma cadela grande, que estava por perto, veio roubar a comida que ela havia caçado e a matou. Essa foi uma das maiores tristezas que tive em minha chácara. Faz um montão de anos, talvez quatorze. Nenhum teve a personalidade de Cloromida. Tivemos muitos gatos depois, mas nenhum como ela. Quando Lucía ficou doente, pulava a janela para vir vê-la. Para mim, os bichos são fundamentais. É preciso aprender a amá-los porque são companheiros de vida.

Mujica também dedica muitas horas às árvores e às plantas. Leu e continua lendo livros científicos acerca do reino vegetal.

Muitas das árvores de sua chácara foram plantadas por ele e recorda os momentos, os anos, como evoluíram. Fala como se fosse um artista tentando contextualizar sua obra. E assim também surgem as histórias e o registro da passagem da *ovelha negra* pelo poder.

Um exemplo: trouxe plantas e sementes da Espanha na última visita ao país, quando era presidente. Envolveu em papel uma pequena árvore descendente do carvalho de Guernica, um dos símbolos mais universais dos bascos, e a acomodou em uma pequena bolsa que manteve ao seu lado na viagem de volta. Também trouxe sementes de outras partes da Europa. Uma de suas maiores recordações da China é de quando o convidaram para plantar, na Universidade de Pequim, uma sequoia, a mais longeva e mais alta de todas as árvores. Mujica sempre tem uma história para contar a respeito do verde.

E há também a música. Mujica é professor de piano e de solfejo. Sabe e gosta de ouvir boa música. E pode variar de gêneros, embora prefira a música clássica e o tango. Gosta de ir a concertos e também de ouvir música em casa e no carro.

Quando era presidente, recebeu vários músicos em seu gabinete, desde os integrantes da banda inglesa Aerosmith até os porto-riquenhos do grupo Calle 13, o cubano Silvio Rodríguez e o espanhol Joaquín Sabina. Todos queriam tirar fotos com ele. E também atores, como Sean Penn ou Glenn Close. Recebia-os com orgulho e depois ia vê-los em ação. De todos restava algo.

A única fotografia de músicos que tinha em cima de sua escrivaninha era da dupla uruguaia Los Olimareños. São seus amigos e foram encarregados da parte artística do dia de sua posse.

> Esses sujeitos fazem parte da história do Uruguai e se arriscaram muito comigo. Nos anos 1960, eram tupamaros independentes. Uma vez, mandaram que ficassem de guarda. Pobres loucos! Não sabiam o que fazer. Tínhamos muita gente naquela época, muitos músicos. O ambiente musical estava com a gente ou com o Partido Comunista.

Não tem piano em casa, mas sim um bandoneon, que ganhou de presente de Cristina Kirchner. Passou semanas olhando-o com carinho, até que um dia se animou a experimentar. Foi um verdadeiro fracasso.

> O bandoneon foi inventado pelos alemães, mas deve ter sido feito por um anarquista bêbado. Tem uma linguagem distinta em cada mão e outra quando você o fecha. Na parte de cima, as notas estão distribuídas de uma forma estranha e você não as vê. É um instrumento maravilhoso, mas é difícil como uma puta. Como eu sei tocar piano, uma noite me disse: "Vou dominá-lo." Que nada! Para dominá-lo, você tem que dedicar a vida. É lindo, porque tem o som nostálgico do tango.
>
> O tango tem um nível de poesia que puta merda. É muito difícil encontrar algo tão elaborado. É uma coisa maravilhosa, oferece uma das melhores descrições sobre o que é um

> casal. Quando você vai chegando aos quarenta, vai virando tangueiro. E aí acorda. Desfruta a nostalgia. As recordações passam a entreter você.

Mujica também gosta muito de ler. Quando era presidente, assim como durante toda sua vida, a leitura foi uma de suas principais atividades nos momentos de lazer. E ainda é. Lê de tudo quando tem tempo. Sempre há livros em vários lugares de sua pequena casa.

Não acredita que haja algum substituto para o livro. "O papel está aí e você recorre a ele cada vez que sente um pouco de saudade", argumenta. De qualquer forma, admite que o que pode estar mudando é o formato, não a mensagem escrita. O texto é o que sustenta a humanidade, de geração em geração.

Quando muitos livros se acumulam em sua casa, coloca-os em bolsas e os doa a instituições de ensino, bibliotecas de bairro, associações políticas ou a amigos com interesse literário. Fica só com os imprescindíveis, esses aos quais Mujica gosta de voltar e voltar e voltar, por mais que os tenha lido pela primeira vez quando era adolescente.

"Os bons livros são aqueles que o fazem pensar e ficam dentro de você pelo resto da vida. Definitivamente, o papel do conhecimento fornecido pela cultura é o de despertar para uma vida melhor", afirma Mujica.

> Vivemos em um mundo maravilhoso, mas não vemos, necessariamente, as maravilhas. Os despertadores são fundamentais, porque às vezes dão a sensação de que o ser humano passa ao lado da beleza ou não a vê.
>
> O despertar gera angústia, mas faz com que você fique mais vivo. Quando você aumenta a intensidade da luz, multiplica o tamanho da noite. Quanto mais cresce o conhecimento, mais pequenino você se sente. A beleza da vida também é isso: é a profundidade e muitas vezes ela é rude.

Durante os últimos meses de seu mandato presidencial, Mujica sentia falta dos momentos de tranquilidade e das dúvidas existenciais. Não é que não as tivesse, mas o problema era a frequência. E o que era o principal e o secundário.

Parecia cansado, entediado. "Não me cansaram as coisas, me cansaram os *coisos*", dizia, referindo-se às pessoas. Decepcionou-se com o comportamento humano em sua relação com o poder. A reação pode soar um pouco infantil, mas Mujica também é assim.

Como uma criança, sonhava naqueles dias em voltar a andar de bicicleta e a ter um contato ininterrupto com a natureza. Queria voltar a experimentar o sabor de encarar o que não é possível entender, o desconhecido. Queria ser mais filósofo e menos presidente.

"Tenho que aguentar até o último dia. Me meti nisso e agora preciso arcar com as consequências. Estou de saco cheio, não da tarefa de governar, mas de lidar com as pessoas", nos disse no início do último semestre de seu governo.

Falava da paixão infantil que sentia e mostrava com orgulho como havia consertado uma bicicleta de sua juventude. Desenhava trajetos em sua mente. Calculava a distância entre sua casa e a Torre Executiva para percorrê-la pedalando antes de terminar seu mandato.

Voltava a imaginar o campo para se aliviar de tanto barulho e de tanta gente.

> Não troco a chácara por nada. Só saio de lá quando esticar as canelas. Mas agora, se precisasse partir, o lugar ideal para mim seria o mato fechado, no meio do Uruguai. Escolheria um desses lugares que você olha a distância e diz: "Parece que ali há alguém." Adoro a solidão do campo.

11. O profeta

Até no pensamento se percebia o cansaço. Tudo acontecia em câmera lenta. Era difícil entender a lógica mais simples depois de quinze horas de voo e de aterrissar em Helsinque, perto do polo norte, com seis horas de diferença do fuso horário de Montevidéu. O presidente uruguaio foi recebido com honrarias, tirou fotografias com todos os que o reconheceram no avião e fora dele e foi levado a uma casa de hóspedes estrangeiros ilustres, ao lado de um imenso lago e de um bosque, na periferia da cidade.

Ao chegar, vestiu imediatamente uma calça esportiva e chinelos, e os demais integrantes da delegação se prepararam para o tão desejado descanso. Mas não, Mujica estava com vontade de conversar. Resolveu jantar com as pessoas que haviam viajado com ele do Uruguai e refletir sobre questões filosóficas. Dava inveja vê-lo quase sem sintomas da longa viagem e animado, como se estivesse tomando mate em sua casa, ao amanhecer.

A conversa começou tratando de questões eleitorais e de conjuntura política. Não era isso o que tinha em mente e respondeu com monossílabos às consultas dos demais integrantes da mesa. Ele queria falar da Finlândia. Mais que da Finlândia; queria se referir ao futuro de um *país exemplar*.

Para Mujica, o homem contemporâneo está excessivamente concentrado no trabalho e pouco em viver a vida de forma plena. Os países nórdicos se caracterizam por jornadas laborais mais curtas e por permitir aos pais que passem mais tempo com os filhos durante os primeiros anos de vida. Desde as licenças-maternidade ou paternidade até os dias de férias anuais, o tempo dedicado ao lar e aos afetos é central nesses lugares.

E o tempo é um fator insubstituível para ser feliz, pelo menos é o que pensa Mujica. Não o tempo das redes sociais da internet ou o dedicado à tela da televisão. Esse é tempo perdido e é o que mais cresce. O tempo necessário é o destinado às coisas mais simples de cada dia.

"Estamos perdendo a batalha contra o consumo inútil e a banalização da vida. Se pudesse escolher alguma coisa para deixar às novas gerações, seria isso: destinar-lhes mais tempo à verdadeira vida", refletiu no silêncio da noite finlandesa.

Helsinque é uma cidade pequena no meio de bosques, lagos e, sobretudo, silêncio. O barulho é um intruso quase imperceptível na paz que emana dos bairros menos povoados e também das ruas mais movimentadas. Dizem que o eco é abafado pelos bosques, mas, na realidade, são seus habitantes que cultuam o lado sutil da vida.

A cidade inspirou Mujica. "Aqui a vida é mais valorizada", sussurrou para a pequena plateia que o acompanhava em uma das últimas viagens de seu mandato. Citou como exemplo negativo Singapura, onde se vive para trabalhar, ou países muçulmanos mais radicais, que escolhem o suicídio como salvação e acesso a um estágio superior. É necessário trabalhar para viver confortavelmente, mas viver acima de todas as coisas, argumentou para uma delegação cansada e atordoada pela longa viagem de avião.

Não era a primeira vez que ouvíamos aquilo. É uma visão idealista, que repete com convicção, defendendo o "ponto intermediário" entre o trabalho e o prazer. Uma filosofia de vida que achou justificada por um dos países que mais se preocupa com o lazer. No entanto, não foi isso que mais chamou nossa atenção. O insólito era a energia, a convicção e a clareza de sua exposição.

Mal conseguíamos falar, e ele parecia ter sido teletransportado. Aos 79 anos, transmitia um entusiasmo que só fazia aumentar. Cansado, sim, mas com a mente tranquila e com vontade de explorá-la ao máximo na parte final do trajeto.

Comentamos isso na viagem de volta, e ele sorriu. "Vocês não aguentam nada", nos disse, e conversamos sobre a importância do capítulo final. A experiência de uma vida bem-vivida "lhe dá uma perspectiva maravilhosa. Quando você não está doente, as rugas e os cabelos brancos são um estado superior. Começa a ver as coisas sem premeditação", afirma Mujica.

E com a mente tranquila e o corpo atento, o futuro era um tema recorrente em nossas conversas com o veterano político guerrilheiro. Na Finlândia ou em noites regadas a vinho, gostava de imaginar as próximas décadas. E também de sugerir caminhos para que nos próximos anos a vida se tornasse uma viagem mais prazerosa.

Do geral ao particular, não faltou nada em suas projeções. A esta altura do relato, está mais do que claro que Mujica gosta de falar e que pensa em voz alta, quase sem censura. Essa característica às vezes o impele a contradições no presente, mas sobre o que acontecerá no futuro só se pode esperar.

As palavras sobram nestes tempos, embora não o conteúdo. O mundo está saturado de comunicação virtual que, segundo Mujica, gera poucos aportes. Para ele, as redes sociais são uma forma de evitar o intercâmbio verdadeiro e de gerar movimentos sem sentido e líderes fugazes. Isto pode ser lido como a visão de uma pessoa de outra época, defendendo que todo o tempo passado foi melhor e que se sente perdida na adolescência de sua contemporaneidade.

Foi o que lhe dissemos quando descarregou sua enxurrada de insultos contra o Facebook e o Twitter, fugazes, do seu ponto de vista, como a "primavera árabe" que geraram. "Isso não vai levar a nada positivo. É mais destrutivo do que construtivo", afirmou. "Diziam a mesma coisa a respeito da televisão", contestamos.

"Não, eu não sou daqueles que negam o presente", assegurou, e tratou de expor os pontos a favor da era da internet. "Hoje uma garota uruguaia pode namorar um chinês e mandar-lhe de presente uma roupa comprada na Itália", comentou para salientar que "as fronteiras foram à merda."

"Isso é positivo, a proximidade sempre permite um maior conhecimento. As possibilidades passam a ser infinitas e a informação é um rio que agora multiplica seu caudal e que oferece água para gerar muito mais vida", avalia Mujica.

O problema é outro. O que desperta suas dúvidas em relação ao futuro é quem organiza esse novo fluxo de dados sem direção nem espaço predeterminado. Outra ironia do destino: o anarquista preocupado com a ordem do mundo no final de sua vida.

> As fronteiras se acabaram em todas as áreas. Há outro mundo, e a resposta são países cada vez mais fechados. É preciso começar a discutir acordos básicos entre os países, ter uma moeda única que não seja de ninguém. A base de tudo isso é a economia, que entendeu perfeitamente para onde vai o mundo. Os políticos continuam brigando como idiotas pelo governo, mas o cacique agora é outro. Temos que globalizar a cabeça e o pensamento porque, caso contrário, nunca ofereceremos respostas ao futuro.

A falta de adaptação dos líderes políticos contemporâneos ao seu tempo levou Mujica a se manifestar a favor da Guerra Fria. Dizia que sentia falta da época em que havia dois blocos de poder alimentando a agenda do mundo. Nem os Estados Unidos nem a União Soviética tiveram sua aprovação total na segunda metade do século XX, mas sentia, sim, que a realidade era interpretada de uma forma mais simples.

Para um político que cresceu em um mundo bipolar, não é fácil administrar a diversidade. Na variedade, a gestão do poder se dilui ou se concentra em pessoas que o dissimulam ou o manipulam com mais facilidade. Essa é a interpretação de Mujica. A economia superou a política. E o verdadeiro governo da economia é sempre misterioso.

São poucos os que concordam nesta nova realidade. Segundo Mujica, tampouco abundam aqueles que aceitam de forma plena o que significa o fato de a China vir a ocupar o primeiro lugar entre as potências mundiais. Todos sabem que isso acontecerá mais cedo ou mais tarde, mas não começaram a pensar seriamente em suas consequências.

— Estou pensando mais adiante, quando eu não estiver mais aqui. O avanço da China não tem recuo e é necessário estar preparado. Os chineses vêm comendo o fígado dos Estados Unidos e, a longo prazo, inevitavelmente, vai chegar a hora. Nesse mundo, os Estados Unidos vão ter de olhar para cá e não sei se o México não vai fazer o papel de ponte. Tomara que seja assim. Não posso dizer isso à esquerda, porque ela não entende.

— Os Estados Unidos também não entendem.

— Pode chegar o momento em que diremos: "O imperialismo ianque não é tão ruim." Liberdades, níveis salariais, direitos trabalhistas, ficamos com os ianques. Podem acontecer coisas desse tipo. O México, que hoje não está tão próximo e é um problema para os Estados Unidos, pode ser uma ponte com eles e uma solução. É preciso levar muito em conta esse país. Mas o futuro é sempre incerto.

Concretamente, Mujica prognostica que em 2050 o Produto Interno Bruto da China será duas vezes maior do que o dos Estados Unidos, o que provocará mudanças significativas. Os chineses provocaram uma redução mundial dos preços e cada vez vão estar mais presentes em todos os lugares. É isso que pensa Mujica e recorre a seu mundo para explicar: "Nos supermercados, as brocas estão baratíssimas. Outro dia fui comprar uma e não consegui acreditar. Custam um quarto do que custavam há alguns anos. Isso graças aos chineses, são todas chinesas. Esse fenômeno tem uma velocidade que atropela."

A Alemanha perde 300 mil habitantes por ano, e, em 2050, quase 60% de sua população terá mais de 50 anos, argumenta Mujica, para exemplificar o que está acontecendo na Europa. À medida que os países se desenvolvem, a taxa de natalidade começa a decrescer, um fenômeno que não se prevê.

A falta de planejamento, o consumo excessivo, a escassez de recursos naturais e de alimentos e a superficialidade na qual transcorre o dia a dia contemporâneo, sem atacar os problemas fundamentais pensando no futuro, foram temas que estiveram no discurso de Mujica durante todo seu mandado. O mais lembrado é o que pronunciou no Rio de Janeiro, mas ali não fez nada além de repetir o que nós ouvimos até a exaustão de sua boca: o mundo adotou um rumo equivocado e nem sequer se deu conta.

"Emocionam-se com o discurso que pronunciei no Rio e, no fundo, é trágico o que eu disse lá!", queixou-se quando ele já havia sido visto por milhões de telespectadores. Falou de um mundo que está se destruindo, que multiplica os produtos mais desnecessários e despreza os essenciais, sem parar para pensar nem por um segundo. Foi um resmungo dirigido ao sistema político mundial por não discutir assuntos importantes. E um resmungo ao estilo de Mujica.

"Trágico e sem escapatória", o questionamos. Apresentou o problema, mas não um caminho que se aproxime da solução. "Não apresentei nenhuma saída porque não a tenho", respondeu Mujica, embora tenha desenvolvido algumas ideias para tentar um novo caminho.

Para isso é necessária uma mudança de mentalidade e uma prédica constante que coloque o principal acima do acessório. Para esse propósito, é necessária uma educação mais centrada em uma leitura correta do futuro e que prepare as novas gerações para um mundo superpovoado, mutante e com poucos recursos. E para este fim é necessário um terremoto ideológico. Para Mujica, nada é feito a partir do necessário. Pelo contrário: o mundo atual "é a acumulação de riquezas, e fazemos mais cagadas do que podemos consertar".

"É possível viver com uma sobriedade digna e que sobre para todos", afirma. Outra vez a inocência da *ovelha negra*, que parece ver pasto no deserto. Assim toca a canção, inclusive para ele, em muitas ocasiões. De qualquer forma, prefere predicar através do exemplo.

Mujica afirma que a necessidade levará a humanidade a entender, a médio prazo, que não é necessário trocar de telefone celular todos os dias nem recorrer a produtos elétricos que duram menos de um ano. "Se uma lamparina pode ficar acesa durante cem anos, tudo pode ficar mais duradouro", argumenta. "Não é voltar para a caverna, é dar um sentido racional ao lucro."

É fato que o conhecimento, a pesquisa e a informação se massificaram. Mas falta direção, "cabeças pensantes que deem um sentido positivo" a tudo isso.

> A humanidade precisa agora de uma governança mundial que não existe e cujos problemas não podem ser resolvidos por nenhum país. Nenhum governo em particular se preocupa em resolver o problema do nível do mar e dos dejetos plásticos, que criaram um continente no Pacífico. O divórcio entre a sociedade e a política é um problema estratégico. Não conduz a nada bom. Aparecem homens salvadores, os outsiders. Os políticos serão os que vocês quiserem, mas respondem aos partidos que integram. Foi assim que surgiram os grandes líderes negativos da História. O direitismo vem sempre com o discurso moralista; depois, chega ao governo e arrasa com tudo.

Há algumas figuras personalistas na América Latina, mas Mujica acha que elas estão distantes desses "homens salvadores" que podem obscurecer o futuro. O continente funciona como contenção para esses líderes, avalia. Existe uma união simbólica amortecedora, por mais que os países pareçam distantes entre si. Há uma evolução natural para um modelo de queda de fronteiras, semelhante ao adotado pela velha Europa. Claro, faltam séculos de história compartilhada, mas Mujica acredita que o destino está traçado nesse sentido.

> A burguesia paulista é o principal obstáculo que enfrentamos para unir toda a América Latina. Eles pensam no brasileiro, embora pudessem ter toda a América como objetivo. Agora, o que tentamos fazer através da expansão do Mercosul para outros países é unir toda a América Latina. Já há uma consciência de que é necessário caminhar para algo mais conjunto, mas falta o empurrão dos mais poderosos. Mas logo chegará.

Mujica conhece o continente de cor. Visitou mais de uma vez cada um dos países que o integram. Percebe que há um sentimento que sobrevive às diferenças e que o senso de pertencimento a um lugar é muito arraigado, do México à Terra do Fogo.

O exemplo que sempre aponta como positivo é o Brasil, onde convivem todas as raças e religiões, misturadas sem nenhum inconveniente: índios, negros retintos e mestiço de olhos azuis, orientais, nórdicos, não falta nada no Brasil. E a sociedade funciona, perfeitamente integrada, inclusive os homens com as mulheres.

O México, por sua vez, é um exemplo negativo para Mujica. Tem muito apreço pelos mexicanos e pelo que esse país significa para a América Latina. Também acredita que deveria estar na vanguarda e o acha bem mais divisionista e machista do que o Brasil. Percebe que existe no México um problema cultural, vestígio de uma época que precisa ser superada para permitir uma maior integração.

> Em Guadalajara, estive em uma casa antiga onde me disseram que havia estado Zapata. Os homens ficaram em um lado e as mulheres no outro. Os filhos homens são tratados bem melhor do que as mulheres. Era uma coisa da pré-história. Um machismo atroz, inacreditável. Tenho uma imensa simpatia pelos mexicanos. Ademais, os sinto falar e são todos como Cantinflas, me despertam uma grande ternura. Mas o machismo é desesperador. Falta muito ainda, mesmo. Em outros lugares da América se vê racismo, e na cordilheira dos Andes há uma grande diferença entre os brancos e os caboclos, e isso é brutal. Há um apartheid dos próprios índios, muito defensivo. É compreensível, são séculos de submissão.

Além deste discurso, Mujica tomou providências, a partir do governo, que tinham o objetivo de estreitar as relações entre o Uruguai e os países mais próximos, com base em interesses comuns e em contraposição ao predomínio da Argentina. Era isso que estava por trás de sua ideia de construir um porto em águas profundas no departamento de Rocha.

Saiu do governo com o caminho aplanado para que em poucos anos começasse a funcionar esse novo destino no oceano Atlântico, com a ideia de que fosse um terminal que servisse ao Uruguai, mas também ao sul do Brasil, ao Paraguai e à Bolívia.

A explicação era muito simples: construir um contrapeso ao centralismo portenho de Buenos Aires a partir do Uruguai e depois convidar outros países a participar, porque, se a medida fosse discutida nos organismos de integração, estaria destinada a fracassar. "Queria fazer algo em conjunto, mas me dei conta de que é impossível. Não podemos viver discutindo isso, e aquilo e mais aquilo. Enche o saco. Bem, é melhor nós fazermos", refletia, em pleno transcurso de seu governo.

É uma coisa para daqui a trinta ou quarenta anos, calculava. Sabia, perfeitamente, que não iria inaugurá-lo, e que nem tampouco o veria funcionando a plano vapor, mas era o exemplo ao qual mais recorria quando queria explicar o que entendia por "alta política".

"Em certas decisões, é necessário olhar muito mais longe do que o que vai acontecer nas próximas eleições", argumentava, convencido de que ali estava o verdadeiro passo do Uruguai em direção a um papel unificador da região.

Também suspeitava de que uma vez que o porto estivesse mais avançado, a Argentina passaria a usá-lo. O Uruguai fica no centro da região, e o "futuro são os grandes navios", calculava. O comércio e a economia unem mais do que a política, avaliava. E, especialmente com a Argentina, o importante são os fatos concretos: a única forma de participar é perceber que está ficando de fora.

Um porto regional e a facilidade para que os argentinos possam obter a cidadania uruguaia foram os artifícios que Mujica encontrou para tentar empurrar um dos países mais importantes do continente para a integração regional.

Mais uma vez, só o tempo dirá se esse era o caminho indicado. Em seus dias de presidente, Mujica imaginava um futuro integrado; construía-o em sua cabeça, o explicava, o enchia de palavras e de raciocínios e tentava defendê-lo.

A respeito do Uruguai, dizia que em poucos anos seriam descobertas fontes de petróleo no país e que isso representaria uma mudança fundamental para sua economia. Que os uruguaios administrassem seu próprio petróleo era uma coisa que o preocupava e recorria a modelos dos países nórdicos, da mesma forma que fazia com a mineração e também a água.

Mostrava-se de novo especialmente sensível aos recursos naturais. A terra antes de tudo, mas também a água, os minérios, o combustível e o básico para um futuro de escassez. Para o presidente, ali estava a decolagem do Uruguai para o futuro.

Sentia que havia vencido algumas batalhas, embora pequenas, com a questão da terra. Gostava de pensar que sua contribuição fora útil, que o esforço não fora em vão.

> Vamos pegando pedacinhos de terra que pertencem ao Estado e os transformamos em colônias. Fizemos isso perto de Quebrada de los Cuervos e no departamento de Artigas. É uma coisa que leva anos. E para isso precisávamos de um presidente e de um ministro da Defesa tupamaros. O Instituto de Colonização cresceu como nunca nestes anos. Você não vai transformar o mundo de um dia para o outro, mas há pessoas que estão à margem que vão ter uma vida um pouco melhor. É preciso trabalhar para isso porque é o que podemos fazer.

A resignação também é uma das características de Mujica. Suas expectativas costumam ser muito altas, e a frustração, quase certa. Precisa continuar pensando em impossibilidades, enquanto se consola resolvendo, a curto prazo, questões pontuais.

Às vezes tínhamos a sensação de que suas reflexões eram mais de um fino leitor da realidade do que de um presidente. Nisso também se manifestava a *ovelha negra*, embora a partir de um lugar onde o que ele tinha de diferente se destacava pelo que havia de pouco executivo.

Talvez por isso olhava especialmente para as pessoas ao seu redor que tinham cargos de responsabilidade, para as novas gerações de políticos que se projetavam, e o preocupava a falta de reposição. Entre os seus, sempre olhou com muita expectativa para Raúl Sendic, por ser filho de uma das pessoas mais decisivas de sua vida e por compartilhar valores com ele. "Tem muitas coisas do pai: a picardia, a inteligência", se convencia e pensava que poderia chegar a se eleger presidente. Uma expressão de desejo pretenciosa, embora no caminho a tenha relativizado pela falta de vontade de Sendic para competir.

"Temos de esperar para ver", era sua frase de cabeceira quando lhe perguntávamos quem poderia ser seu sucessor. Também via muita capacidade em Oscar Andrade e Oscar de los Santos, o primeiro, operário da construção, e o segundo, pintor de obra, ambos com anos de liderança sindical e política nas costas.

Ali também se repetia sua história. Escolhia pessoas sem formação acadêmica, que haviam chegado à política a partir da militância, que não se especializavam em leis nem usavam paletó e gravata. Procurava estabelecer uma espécie de modelo de *ovelha negra* que, por sua própria condição, é muito difícil reproduzir.

Não queria escolher ninguém. Dizia que isso era contraproducente. Que cada um fizesse seu caminho, como ele havia feito, e que sua chegada à Presidência funcionasse como exemplo para os que desconfiavam da falta de currículo.

Também sabia e esperava que, a médio prazo, houvesse uma inversão de representação política no poder. A direita voltaria a governar, sem a menor dúvida. Faltava pouco para que chegasse a vez de a cadeira presidencial ser ocupada por alguém de outra classe social que tivesse se preparado durante a vida inteira para isso, vaticinava Mujica.

Ele pensava especialmente em Luis Lacalle Pou, filho do seu rival nas eleições e bisneto de Herrera. Para Mujica, o Uruguai dos sobrenomes vai se manter e é bom que seja assim, depois de um *impasse* de uns quantos anos. Para ele, o importante é a alternância do poder.

Participou da campanha eleitoral e foi eleito senador; tinha dificuldade de abandonar o que era a sua vida. "Se largar isso, morrerei", dizia, mas ao mesmo tempo defendia que a Presidência deveria ser ocupada por um único período e se opunha a qualquer tipo de reeleição. "O homem não deve se apaixonar pelo poder, pois isso é perigoso."

O futuro do homem também era uma coisa que ocupava seus pensamentos nos últimos anos de seu mandato. Ver a estrutura social a partir do ápice do poder levou-o a confirmar como é importante continuar incentivando a autogestão como sistema alternativo.

— São poucas as empresas autogeridas depois de anos de sua pregação.

— Sim, mas aí está o modelo para quem o quiser. E é positivo. Isso muda a cabeça. Agora, na indústria de vidro, chegaram a decidir não receber o décimo terceiro salário e não aconteceu nada. Resolveram investir em maquinário e depois acertar o décimo terceiro, mas, a longo prazo, terminaram recebendo em dobro.

— Em síntese: o trabalhador assumindo o risco do empresário.

— Sim, mas também participando dos lucros. Para mim, trata-se de exercício de poder. É tomar o poder diretamente, envolver os trabalhadores, para que sintam a responsabilidade.

— Não é para qualquer um...

— Mas em todos os lugares existem pessoas com capacidade para liderar estes processos. Quando vem a crise e a cagada, o objetivo da empresa é manter o trabalho, e então ficam querendo reduzir os salários. O capitalista não pode fazer isso. Fecha a empresa, quebra, e vai para outro lugar. A questão é que o objetivo não é enriquecer, mas assegurar a estabilidade laboral. É ter trabalho para continuar vivendo. É uma grande aposta.

— No entanto, não lhe deram muita bola, nem sequer na Frente Ampla.

— Passei o domingo com toda a direção sindical da Pluna, discutindo isto. Aí temos um grande exemplo. Para isso inventamos o Fundo de Desenvolvimento (Fondes). É verdade que, em tudo isso, ninguém me apoiou muito. Danilo é contra até hoje. Quando eu não estiver mais aqui, espero que continue, pois aí pode haver alguma coisa.

A maioria dos seres humanos prefere o risco e o lucro à estabilidade, lhe dissemos em uma de nossas conversas. Planejam como indivíduos e não como seres sociais, o interpelamos, e conseguimos envolvê-lo ainda mais na conversa. Falar da condição humana é sempre uma tarefa prazerosa para Mujica.

Tudo derivou de uma teoria acerca da evolução do ser humano e de algo parecido ao que é possível considerar o fim da espécie. Uma especulação filosófica com pouca sustentação teórica, baseada na intuição, com a necessidade de discernir o futuro e acalmar, ainda que seja um pouco, a angústia da incerteza.

"De repente, o que está acontecendo deve-se ao fato de que estamos no limite do homem. Essa é a minha pergunta", soltou e desenvolveu seu pensamento quando pedimos que pelo menos justificasse uma sentença tão radical. "Creio que libertamos algo que pode estar nos superando biologicamente. Se for assim, isso em que o ser humano se transformou nos atropelou, e caminhamos para a ruína."

"O homem está provocando sua própria extinção", interpretou Mujica. Sente que a humanidade caminha para uma espécie de precipício e que não é capaz nem sequer de saber para que lado está caminhando.

> Uma das características do homem é que ele é um conquistador do espaço vital. O sujeito saiu na África e conquistou a Terra. Temos isso e não podemos desistir. Mas, na cultura capitalista, o avanço foi individual. Exacerba o egoísmo que carregamos dentro de nós, essa coisa de multiplicar o que é

> meu. O homem primitivo é de grupo, é tribal. Tampouco é bucólico. Esmagava o fígado da outra tribo. Mas o capitalismo é individualista e não pensa no conjunto. Essa é sua essência.
>
> E agora é necessário fazer a humanidade reagir como espécie, como um conjunto. Esse é um problema da política que quase ninguém vê. Temos que tirar a espécie humana da miséria, domesticar os oceanos e os desertos e depois tratar de avançar até a galáxia, porque certamente nesta galáxia estamos sozinhos.
>
> Essa tem de ser tarefa da humanidade, e não de um indivíduo. A questão é se teremos capacidade de superar o indivíduo. Se não conseguirmos, teremos criado uma civilização que vai destruir a todos. Não que não haja recursos. Os recursos são infinitos porque a energia é infinita. Somos piolhos na imensidão do universo, mas a humanidade teria de estar trabalhando em conjunto, concentrada na ciência para tentar preservar os recursos, e não estamos fazendo isso. Isso pode terminar com a nossa espécie. A natureza demonstrou sua grandeza. Se aniquilou os dinossauros, por que não vai nos aniquilar?

Usando sua velhice como exemplo, defendia especialmente a sabedoria presente em algumas pessoas em seus últimos anos de vida. Citava a *Ilíada* de Homero, mais uma vez, para justificar suas palavras. "Se voltar a lê-lo, vai ver que, quando estão em Troia, o discurso mais esperado é o de Nestor. Não é o rei mais forte, o que tem mais soldados, mas é o rei mais velho. E, por ser o mais velho, é o mais sábio."

Em um estágio superior, a humanidade deve ouvir os mais velhos, defendia. Como argumento, recorria outra vez à natureza. "É incrível, ela lhe dá aquilo de que você precisa a cada momento. Quando jovem, lhe dá a pujança, mas também a tolice. Quando velho, você está mais fraco, mas vê muito mais longe."

Procurar um lugar para os "velhos brilhantes" para que possam ser úteis à sociedade era uma coisa que obcecava Mujica. Dava como exemplo os asiáticos, que consideram a velhice uma instituição respeitável. Usar esse capital, dar-se tempo para ouvir aqueles que acumularam experiência, poder transmitir o conhecimento às novas gerações: disso se trata também o legado que Mujica pretende deixar para o futuro.

> Os velhos sentem um enorme prazer em se dedicar aos jovens. Deve ser por instinto de sobrevivência. É muito provável que seja uma maneira intuitiva de perdurar. Tentam transmitir ilusões, coisas que temos dentro de nós e precisamos passar. É brutal até onde pode chegar a criatura humana. Que fique algo seu, é sempre essa a ideia.

Também pensava em como iria reposicionar o tempo. "Quando entregar a faixa, aos 79 anos, muitos vão dizer: 'Mas que velho bom, não fode ninguém.' É a condição humana. O problema está em acreditar nisso", nos disse mais de um ano depois de isso ter acontecido.

Já havia recebido ofertas de milhares de dólares para fazer conferências fora do Uruguai, na qualidade de ex-presidente. Já havia passado por todas as fases do poder e as relativizara. Já havia concluído que podia estar muito equivocado em suas ideias, mas que seu legado estava assegurado. Já sentia que não era imprescindível para ninguém.

Mas defendia sua energia:

> Posso estar errado, mas sempre tive meus sonhos, e eles são grandes. Não podem me dizer que não tenho estratégia. Pode ser uma cagada, mas tenho. Para sonhar ainda me sobram asas.

12. O mito

Mujica cresceu ao lado da morte. Desde sua juventude ela estava presente, como uma sombra muito escura, impossível de passar despercebida. Fala da morte como se fosse um episódio qualquer. Sem angústia, sem medo, com resignação. Ainda criança, a descobriu com o falecimento precoce de seu pai; jovem, transpirou-a através de amigos guerrilheiros que viu tombar e, velho, a incorporou a sua vida cotidiana. Espera por ela, sem pretensões de escolher o momento, sem que lhe tire o sono. Imagina-a como um novo palco, embora com a íntima certeza de que será o último: ali tudo termina.

"Há 45 anos coloquei um revólver no cinto e saí arriscando a vida; assim, para mim, tudo isso são vinténs, ninharias. Nunca tive medo da morte e muito menos agora", nos disse em seu gabinete no último inverno de seu mandato. Era criticado por participar da campanha eleitoral, por criar muitos inimigos no Uruguai e no exterior com suas frases sempre taxativas e por não ter a menor consideração com seu cargo. Nada disso lhe importava, porque, para ele, a vida é um presente, há mais de quatro décadas.

Depois da confissão dos vinténs e das ninharias, parou, se aproximou de um enorme jarro amarelo de cerâmica que o governo chinês lhe dera de presente e nele enfiou a mão. Afundou-a tanto que só o ombro ficou do lado de fora. O que surgiria do jarro era um mistério. Com Mujica nunca se sabe, e ainda mais em momentos de introspecção. Uma recordação, uma fotografia, qualquer coisa pode surgir das profundezas.

No final, não tinha tanta importância emocional, mas sim física, o que resolvera esconder. Eram cigarros e um isqueiro. Fumou dois enquanto conversávamos sobre algumas questões conjunturais e depois voltou a enterrar seu tesouro. O problema não era que no Uruguai seja proibido fumar em espaços públicos e que ele estivesse no gabinete presidencial. Era mais complicado: não permitiam que fumasse. Nem sua mulher, nem seus companheiros, nem os médicos. Por isso fumava escondido, e também agia assim com o álcool e algumas comidas. Presidente, cuidava-se muito pouco, não via muito sentido.

"O Imortal", o chamavam seu chanceler Luis Almagro e seu vice-chanceler Luis Porto. Era assim que se referiam a Mujica quando conversavam entre si. Nada mais distante da sua vontade. Morrer foi uma escolha desde sua juventude. Adotou-a de forma consciente, sabia que a guerra tem seus riscos: nunca se volta à vida anterior.

Quando era presidente, ainda carregava todos seus documentos, um pouco de dinheiro e pedacinhos de papel dobrados nos bolsos, com nomes, anotações e números de telefone. "É uma coisa que ficou da época da clandestinidade", nos contou. "Sempre apenas o estritamente necessário e preparado para abandonar tudo em poucos segundos. Documentos, contatos, dinheiro e *alguma coisinha* para se proteger", nos explicou com um sorriso, fazendo um gesto com os dedos em forma de revólver.

A morte foi, muitas vezes, tema de nossas conversas. Primeiro a mencionamos porque queríamos ver como reagiria. A tranquilidade e a familiaridade com que abordava a questão chamaram nossa atenção. Dedicou-lhe tempo, não tinha nenhum problema em analisar esse assunto, tão incômodo para muitos.

Em outras ocasiões, foi ele quem se encarregou de mencioná-la. Em seu gabinete, na rua, em algum evento público, eram recorrentes as piadas da *ovelha negra* transformada em presidente relativas ao final próximo. Tinha certo prazer em avançar para esse território, no qual se sente anfitrião. Contava as balas que carrega no corpo desde a época da guerrilha e as vezes que superou doenças complicadas.

> Ninguém gosta da morte, mas, a certa altura, você sabe que, um pouco antes ou um pouco depois, ela vai chegar. E, por favor: não viva tremendo diante da morte. Aceite-a como os animais da montanha. O mundo vai continuar dando voltas e não vai acontecer nada, não vai restar nada de todo esse temor inútil. É preciso ser mais primitivo. Não dá pra festejar. Não estou fazendo uma apologia da morte, mas ela está aí, é necessário conviver com ela.

Talvez por isso não se sinta muito afetado pela morte dos demais. É invadido pela tristeza, encolhe um pouco os ombros, suspira com certa resignação e passa a observar. Assim o vimos mais de uma vez, em velórios e enterros de familiares e amigos mais próximos, e até no de Hugo Chávez.

Teria gostado de ver Chávez mais uma vez antes de sua morte. Ficou com vontade de visitá-lo para aliviar sua agonia. Sabia havia muito tempo que iria morrer. Tabaré Vázquez, oncologista, já o avisara de que Chávez não sobreviveria à enfermidade que o acometera.

Na longa cerimônia de velório e enterro de Chávez, Mujica foi um dos presidentes mais fotografados perto do ataúde. Circularam boatos de que havia chorado, de que se abraçara ao féretro, de que havia implorado pela salvação de seu amigo. Tudo mentira.

> Nunca me aproximei do caixão de Chávez. Fizeram uma novela ali que não tem nada a ver com a realidade. Quando fiquei diante do corpo, Maduro não estava presente. Um general chorava como uma Madalena.
>
> Sou um sujeito emotivo, mas os cadáveres não me emocionam tanto. Devo ser frio, mas na realidade me comportei como

> um espectador. Muito frio. E me impressionou o catolicismo das pessoas. A maioria, especialmente as mulheres, se persignava. Houve uma enorme peregrinação e comoção.

O que mais entristece Mujica são as pessoas que arrastam sua doença por meses ou anos com a consciência de que o sofrimento só terminará com a morte. Esse é seu principal temor: chegar a um ponto em que perca as faculdades da mente e do corpo, mas não do sistema respiratório.

Foi o que aconteceu com pessoas muito próximas dele: vários amigos da vida política que ia visitar prostrados em alguma casa de saúde e sua irmã, que conviveu grande parte de sua vida com a esquizofrenia e teve que contar com a ajuda de outras pessoas nos últimos anos.

A tragédia é não poder se comunicar, tentar manter uma ponte de conexão com o mundo e perceber que só resta um elo intransponível. "A vida é cruel nesses casos", repetia. "E pode me caber, mas tomara que não. Tomara que a morte piedosa chegue antes, porque mais vale morrer, estou dizendo a verdade. Há certas formas de vida para as quais a morte é uma libertação."

Quando era presidente, sentia o desgaste dos anos. Tinha dificuldade de dormir, às vezes lhe doíam os quadris, sua memória dava sinais de pequenas fissuras, suas pernas acusavam problemas de circulação, mas nada disso o impedia de pensar com clareza. "O essencial é que a cabeça funcione. É o principal. Eu tenho responsabilidades, e isso exige e é um incentivo para viver", afirmava. Uma médica o acompanhava em cada uma de suas viagens ao exterior e o examinava semanalmente em Montevidéu. "Tenho que aceitá-la", dizia às vezes, e até seguia alguns de seus conselhos.

Recordava a morte de seu pai e a considerava um incentivo para tomar algum cuidado. Tinha sete anos quando seu pai morreu e ainda se recorda nitidamente dele: silêncios prolongados, momentos incômodos, histórias que os adultos constroem e nas quais as crianças nunca acreditam.

"Acho que morreu de câncer pulmonar, mas me cagaram de mentiras", diz Mujica. "O fato é que as crianças percebem tudo, são muito mais perceptivas do que os adultos pensam."

Até hoje carrega esses dias em suas costas. Demetrio Mujica faleceu aos 47 anos e ele sentiu sua ausência, embora aceite a forma como sua mãe resolveu o problema.

> Minha mãe morreu aos 80 anos, mais ou menos a idade que tenho agora. Senti falta de meu pai, mas minha mãe era uma italiana de um caráter bárbaro e se encarregou de fazer com que eu não sofresse tanto. Uma mulher incrível. Carregava, sozinha, sacolas de 50 quilos e administrava a casa, as contas, tudo. Uma mulher do campo. Tinha um caráter bárbaro.

Com Lucía, procurou espantar a morte. "Os companheiros caíam e eram mortos um dia sim, e o outro também", recorda. Foram unidos pela vontade de viver. Aferraram-se um ao outro para combater o final que os espreitava nas ruas naquela época. Conjugaram amor com instinto de sobrevivência e o fizeram tão bem que nunca mais se separaram.

E quando resolveram se casar, a morte apareceu de novo. "Estamos ficando velhos", se disseram. "Eu vou morrer e você vai morrer", avaliou Mujica. E resolveram se casar. "Para acertar os papéis", justificam.

A cerimônia foi realizada na cozinha da casa de Rincón del Cerro. Um juiz foi até lá para uni-los em matrimônio. O mesmo lugar que escolheram para viver os últimos anos e de onde Mujica anuncia que só sairá "quando esticar as canelas". O lugar da serenidade e da morte mais doce.

O tempo serviu para Mujica compreender que ninguém é tão importante como acredita nem consegue realizar sequer uma parte do que se propõe. Os anos bem-vividos geram a sabedoria do cansaço e uma espécie de humildade estratégica. Esse estado é necessário para poder admitir a morte.

> Há pessoas que não conseguem admiti-la e morrem infelizes. É horrível! É uma regra fundamental da natureza e é preciso aceitá-la. A questão é que é necessário amar a vida que se vive.

> Penso no momento em que não estarei mais aqui e acho que vão começar a me valorizar daqui a dez anos. Mas eu estarei morto e enterrado. Por isso, tchau, não penso mais nisso. Quando achar que vou morrer, irei para a cama e me deitarei para dormir tranquilamente.

No entanto, ficou um pouco mais místico nos últimos anos. Continua ateu, a natureza é seu principal objeto de adoração, mas começou a respeitar tudo o que foi construído pelas religiões ao longo da história. Relatava que, quando era guerrilheiro, tinha passado pelo Hospital Militar, depois de receber vários balaços e, à noite, as freiras visitavam os moribundos para tentar confortá-los. "Não é uma tarefa fácil ajudar a morrer bem, e aí você começa a ver as religiões de outra maneira. Você não pensa igual, mas respeita."

Para Mujica, há dois aspectos que explicam a continuidade dos vários credos ao longo dos séculos: a necessidade do indivíduo de superar o medo da morte e o medo do desconhecido.

E elabora sua própria teoria a respeito, de uma posição panteísta, como se define em relação à sua crença de que a natureza é a coisa que mais se assemelha ao divino.

— Os seres superiores, entre aspas, são os unicelulares, que chegaram aqui 2.500 milhões de anos antes da gente e vão continuar. Onde existe a morte entre os procariotos, cuja reprodução é a divisão? Onde está a morte? A morte está quando isso se esgota. Que coisa curiosa! Os seres mais eficientes são os microscópicos, os que têm mais relação com o meio ambiente de acordo com seu perímetro e o fazem render muito mais. Aí entramos na chave da vida. Os procariotos estão há pelo menos 2.500 milhões de anos em cima da Terra: nós, os pluricelulares, chegamos ontem.

— O homem pode argumentar em resposta que é ele quem pesquisa e chega a essas conclusões.

— A isso respondo dizendo que a petulância do homem é brutal. Há uma visão antropomórfica que coloca o homem no centro. Quando se prioriza e analisa a vida ao longo do planeta, o homem é muito pequeno e insignificante.

— Uma típica discussão de campanha eleitoral.

— Imagine. Eu sei que existem coisas que não posso dizer porque ninguém entende nem um caralho. Por exemplo: a origem de tudo é a luz. Estou convencido disso. Definitivamente, os incas tinham razão quando falavam do Pai Sol. A fotossíntese é a base de tudo. Às vezes solto uma coisa dessa em algum lugar. Mas eu sei que na maioria dos casos estou dando pérolas aos porcos.

— Não é ruim falar. Sempre há alguém atento.

— Claro, alguma coisa fica. E é importante entender tudo isso porque nos leva a um conceito de humildade. Somos absolutamente insignificantes e precisamos saber disso. Há cerca de trinta reações em cadeia na fotossíntese, e nós só conhecemos a primeira e a última. Não existe coisa mais importante na face da Terra do que isso, e nós continuamos nos achando muito transcendentes e importantes.

— E também imortais.

— A vida é tão curta que é preciso lhe fazer um cercadinho de silêncio e respeitá-la. Deixar o cercadinho pronto. Depois tudo vai continuar, mas para a pessoa esse cercadinho é importante, e é preciso vivê-lo com compromisso, desfrutá-lo sem interrupções.

Deixar a Presidência com quase 80 anos. Esse é um desafio para qualquer pessoa e ainda mais para alguém com uma existência tão intensa. Por isso, Mujica planejava atividades para o dia seguinte ao 1º de março, após entregar a faixa presidencial a Tabaré Vázquez.

"Morro se ficar quieto", repetia até a exaustão enquanto escolhia o gabinete que usaria como senador e aceitava convites do exterior para fazer conferências.

Preparava também uma viagem à cidade espanhola de Muxika, terra de seus antepassados. Esteve ali pela primeira vez quando era presidente. Agora quer visitá-la com Lucía e sem as obrigações e o protocolo do cargo, instalar-se por uma semana, desfrutar o povoado de cerca de mil habitantes e absorver parte de sua história.

Já em meados de seu governo, sonhava com esse momento. A velhice o tornou um pouco mais curioso sobre sua origem. Pesquisou quem foram os primeiros Mujica a chegar ao Uruguai e até descobriu uma árvore genealógica de sua família.

> O primeiro Mujica veio para cá em 1742. Fizeram uma investigação completa e me trouxeram os documentos. Dez anos depois da fundação de Montevidéu. Era casado com uma Cipriani. Uma garota de 15 anos, e ele tinha 19 anos. Casaram-se em Tolosa e vieram.
>
> Era Muxika e depois foi se transformando. Se castelanizou. Eles já assinavam Mujica. Um neto deste senhor era meu avô, dom José Cruz Mujica, cujo jazigo está no cemitério do Buceo. Vendia automóveis. Vendia coisas nas fazendas, em Florida. Meu pai fez a mesma coisa. Sempre existiu na família esse amor pelo campo.

Voltar às origens, montar uma escola agrária em sua chácara de Rincón del Cerro, continuar alimentando e desfrutando esse lugar de consagração da *ovelha negra*, tudo isso tinha planejado para o dia seguinte. Cerca de dez anos haviam se passado desde que nos respondera "essa verga não é para mim" quando lhe perguntamos se seria presidente; foi, e terminou seu mandato sem saber se era ou não para ele.

"Não sei se serei bom governando, mas que junto votos... Junto votos como louco", nos disse durante os dias à frente do Poder Executivo. Tinha dúvidas sobre sua capacidade de administrar, não sobre a de se transformar em um exemplo do diferente.

Se serviu ou não serviu, depende dos fatores levados em conta. A popularidade mundial está fora de discussão, mas o terremoto que havia imaginado só sacudiu a ética e não a estrutura de seu país. Foi embora sem perceber nenhuma mudança radical, embora sim com a sensação de que, depois de sua passagem pelo poder, havia outro tipo de inflexão.

"A última será no caixão", respondia depois que dezenas de pessoas lhe pediam para tirar fotos em qualquer evento público ou quando caminhava pelas ruas.

"Vou a um enterro", disse, em sua visita a Washington, quando lhe perguntaram insistentemente o que faria depois do final de seu mandato presidencial. Falou da viagem a Muxika, da escola agrária em sua chácara e depois pronunciou essa frase. Fez-se silêncio quando disse "enterro". Deixou-a no ar durante alguns segundos e então repetiu: "Vou a um enterro: o meu."

Este livro foi composto na tipografia Arno Pro,
em corpo 11,5/16, e impresso em papel off-white
no Sistema Digital Instant Duplex da
Divisão Gráfica da Distribuidora Record.